인권

차례
Contents

인권에 관한 생각

인간의 환경과 인권

인간으로 태어나 인간을 생각한다. 이것은 당연한 일 같지만 결코 간단하지 않다. 어디서 시작할 것인가도 쉽지 않은 문제지만, 막상 뛰어들어 집요하게 파헤쳐 보아도 명확한 것은 그리 많지 않다. 오히려 대개가 모호하다는 것을 확인할 뿐이다. 그것도 제대로 탐구해야만 그 정도 결론에 이를 수 있다. 인권도 마찬가지다. 인권은 결국 인간에 관한 문제의 한 부분이다. 우리가 인권을 이야기하는 것은 그만큼 자연스럽다.

하지만 인권은 무엇일까. 구체적으로 실현할 수 있는 실체를 가지고 있을까, 아니면 허공에 맴도는 관념일까. 그리고 우리가 인권을 담론의 주된 대상으로 삼고 열심히 노력하여 그 가치를 드높임으로써 얻을 수 있는 효과는 어떤 것일까. 세상이 그럴듯하게 바뀌고, 우리가 좀 더 인간답게 살 수 있을까.

과학 시간에 사용하는 용어로 인간을 말해 보자. 우리의 신체는 기껏해야 탄소, 수소, 산소, 질소 그리고 약간의 칼슘과 황으로 이루어져 있다. 빌 브라이슨의 말대로 그것들은 모두 동네 약국에 가면 살 수 있다. 그런 하나의 몸뚱이에서 영혼이 분리되지 않고 세속의 나이로 70살에 죽는다면 대략 60만 시간 남짓 사는 셈이다. 그러나 그것만으로는 시간의 양이 어느 정도인지 얼른 짐작이 가지 않는다. 물질을 구성하는 원자 내부의 미립자가 생겨났다 사라지는 시간은 1조 곱하기 1,000억 분의 1초다. 즉, 미립자의 수명을 우리의 1초로 늘린다면, 우리가 사용하는 1초는 물경 3,000조 년이 된다. 그런가 하면, 우리가 딛고 서 있는 지구의 나이는 45억 년에서 50억 년 사이다. 그 시간의 길이와 크기를 실감나게 가늠하기 어려운데, 우주로 시야를 돌리면 그 규모는 경이롭다 못해 절망적이기까지 하다. 지구와 태양 사이의 거리는 1억 4,960만 km다. 태양계의 끝 쪽에 있는 명왕성까지는 1초에 30만 km를 달리는 빛도 5시간 20분이나 걸려야 도달할 수 있다. 하지만 태양계는 우주의 한 부분일 뿐이다. 태양계가 속한 우주의 끝은 최소 3만 광년 이상일 것이다. 조금 넓게 잡으면 그 10배가 되고, 안드로메다 은하계까지는 230만 광년이다. 그런데 우리가 우주라고 말하는 공간에는 은하계가 줄잡아 1,000억 개는 된다고 봐야 한다. 그것도 우리가 짐작할 수 있는 범위 내에서다. 천문학과 망원경이 발달할수록 우주의 끝은 점점 더 멀어진다. 상상으로도 그리기 어려운 공간 속에 태양계가 있고, 지구가 보일 듯 말 듯 떠돌고, 우리가 붙어살고 있다. 우리가 보고 지니는 것들은 그야말로 먼지에 불과하다. 이런 조건에서 인권을 생각한다.

우주도 우리 환경의 일부이긴 하지만, 우리 삶의 일차적 관심은 지구 위에 있다. 그리고 내가 속한 국가와 사회가 구체적 환경이 된다. 그 속에서 찾으려는 목적은 비록 다양할지라도, 대개가 추구하는 바는 바로 인간다운 삶이다. 인간의 품위와 위엄을 잃지 않고 사람답게 살아가는 삶, 그 목적에 이의를 제기하는 사람은 아무도 없을 것이니, 모든 사람의 공통된 목표에 이르는 수단이 바로 인권이라 할 수 있다. 즉, 인권은 인간이 인간으로서의 존엄성을 지니고 인간답게 산다는 궁극적 목적에 이르는 수단이라는 점에서 그 의미가 살아난다. 그러므로 인권은 사회적 인간에게 필요한 생존 조건의 하나다. 그런 차원에서 인권은 또한 삶이 지향하는 가치 체계의 하나다.

극미의 세계나 동물의 움직임을 관찰할 때 인간은 신비로움과 함께 은연중에 우월감을 느낀다. 그러나 눈길을 까마득한 우주로 돌리는 순간 허망함과 초라함을 느낄 수밖에 없다. 우주적 관점에서 물리적으로만 보면 이 지구나 인간 따위는 티끌의 티끌에 불과하기 때문이다. 하지만 실망하기엔 이르다. 인간의 무대를 중심으로 볼 때, 우주를 포함한 자연 환경만이 삶의 조건은 아니다. 인간의 삶에는 사회적 조건도 필요하다. 사회적 조건에는 각종 제도가 포함되기 마련인데, 그것은 오직 인간의 관념과 경험에 의해 만들어진다.

인권은 제도 자체이자 바로 그 제도의 목적이기도 하다. 삶의 무대에서 인권은 인간을 인간답게 만들어 주는 수단이자 목표인 가치 체계인 것이다. 인간의 머리와 마음으로 인권에 가치를 부여할 때 그 크기는 우주에 비할 바 아니다. 그 무엇보다도 소중한 가치이기 때문이다. 그래서 우리가 비록 우주 공간에 떠 있는 미미한 존재에 지나지 않더라도 우리의 삶을 위해 인권을 생각할 이유가 있다.

인권의 의미

인권은 인간의 권리다. 그렇다면 모든 권리의 총화가 인권이란 말인가? 한 국가의 헌법과 법률이 정하는 권리와 그 실정법들이 채 규정하지 못한 권리까지, 그 모든 것이 인권에 포함되는가? 만약 인권을 그렇게 정의한다면 당장 국가마다 인권의 내용이 달라질 것이다. 그리고 헌법과 법률이 미처 담지 못한 권리는 인권의 과제로 남을 것이다. 물론 실정법의 제도 속에 포함된 권리와 제도 밖에 방치된 권리를 모두 합하면 각 국가의 권리가 같아질 수는 있겠다.

하지만 인간의 모든 권리를 인권이라 한다면, 인권 개념이 너무 포괄적이고 모호해질 것이다. 때문에 인권 문제를 논의

하고 해결하려는 우리 목표에는 그다지 유용하지 않다.

인권은 인간의 기본적 권리다. 이렇게 인권은 그 범위를 조금 좁혀 말하는 게 일반적이다. 하지만 모든 권리 중에 무엇이 기본적인지 혹은 그렇지 않은지를 구별하기란 여전히 어렵다. 이런 문제를 해결하기 위해 인권에는 보통의 권리와 구별하여 특별한 성격을 부여하기도 하는데, 천부성, 자연권성, 불가양성, 절대성과 보편성 등이 그것이다.

천부성이란 인권이 인간의 선천적인 권리라는 의미다. 누가 그것을 일컬어 권리라고 말하기 이전에 이미 권리로 존재하는 것, 그것이 인권이라는 주장이다. 그래서 현실의 법과는 무관한 자연권적인 성격을 띠는 권리라고도 한다. 또한 그렇기 때문에 타인에게 양도하거나 함부로 포기할 수도 없는 권리라는 의미에서 불가양성의 권리라 할 수 있다. 인권 목록에 등재된 권리들 사이에는 우선순위나 가치의 차이가 있을 수 없고, 국가와 개인에 따라 인권이 서로 다를 수 없다는 뜻에서 절대성과 보편성을 지닌다.

하지만 이런 거창한 수식어는 인권에 대한 고양된 감정 표현에 불과한 것이 아닌지 의심스럽다. 인권의 본질적 가치를 드높이는 장점은 있지만, 그로 인하여 인권을 더 추상적이고 현실과 동떨어진 것으로 만들기도 한다. 그리고 구체적으로 따지고 들면, 인권에 부여하려는 이러한 특권적 특성마저도 구분이 힘들다는 사실을 곧 깨닫게 된다. 어떤 권리가 천부적인지 아닌지 아무도 단정할 수 없다.

그뿐만이 아니다. 인권을 인간의 기본적 권리라고 한다면, 인권과 기본권 그리고 기본적 권리는 서로 같은가 다른가? 다르다면 어떻게 다른가? 물론 이 물음에도 명확한 해답은 없다. 다만 중요한 것은, 그럼에도 불구하고 인권의 개념은 포기할 수 없다는 것이다.

오늘날 인권은 정치의 수단으로도 쓰이고, 사회 운동의 목적으로도 쓰이며, 시민 교육의 과제로도 여겨진다. 그리하여 인권이 현실에서 실현 가능한 구체적 권리인지, 아니면 관념적 이념에 불과한지 그 실체가 불분명할 때가 많다. 하지만 인권은 이제 대부분의 국가와 모든 세계인들에게 공통의 가치가 되어 있다. 인권이 무엇인지 한마디로 정의하기 어려운 것은, 그 개념이 다의적일 뿐만 아니라 역동적이기 때문이다. 인권은 정의하기 이전에 이해하고 실현해야 할 대상인지 모른다.

인권의 어원

인권은 한자어 '人權'을 한국어로 표기한 것이다. 서양에서 들어 온 용어인 '권리'나 '의무'는 중국에서 먼저 번역하여 사용한 것이다. 그러나 인권은 중국보다 일본에서 먼저 사용한 것으로 추측한다. 일본의 미스쿠리 린쇼는 프랑스 「민법전」의 'droit civil'을 '민권民權'이라 번역하였다. 그리고 이 용어는 1874년 '사가의 난' 때 돌았던 격문에서 인민의 권리라는 의미로 사용되었다. 중국에서는 1890년대에 량치차오가 '민권'

이란 용어를 처음 사용했다. 따라서 이때까지만 해도 아직 인권이란 용어는 등장하지 않았다. 어쩌면 일본 개화기의 계몽사상가였던 후쿠자와 유키치가 미국 「독립선언문」을 번역하면서 인권이란 조어를 떠올렸을지도 모른다. 좀 더 분명한 것은 1945년에 발표된 「포츠담 선언」 제10항의 'fundamental human rights'를 '기본적 인권'이라 번역한 사실이다. 이 새로운 용어는 1946년 11월에 공포한 일본 헌법에 그대로 사용됐다. 이에 앞서 'human rights'라는 표현은 1941년 미국의 프랭클린 루스벨트 대통령이 의회에 보낸 연두 교서에도 등장한다.

인권은 영어의 'human rights'를 번역하면서 만들어낸 용어다. 원래 영어권에서는 'rights of man'이란 용어를 사용했었는데, man이란 단어가 마치 여성을 배제하거나 소홀히 여기는 것 같은 오해를 불러일으킬 수 있다는 반론 때문에 'human rights'로 바꾸었다고 한다. 'rights of man'은 프랑스어 'droits de l'homme'를 영어로 번역한 것이다. 물론 'droits de l'homme'는 프랑스 혁명과 함께 공포된 「1789년 8월 26일의 인간과 시민의 권리 선언Dclaration des Droits de l'Homme et du Citoyen du 26 août 1789」에 등장한다.

혁명을 맞은 프랑스와 미국에서 인간의 권리란 표현을 쓰기 이전에는 주로 자연권(natural rights)이란 용어를 사용했다. 이 자연권은 자연법사상에 근거한다. 독일에서도 인권을 Menschenrechte라 표기하기 이전에 Rechte der Menschheit로 썼는데, 이미 1784년에 그렇게 쓰인 예가 있다고도 한다.

인권의 역사

사상의 계보

인간은 태어나면서 하늘로부터 권리를 부여받는다. 그 기본적 권리는 타인에게 양도할 수도 없고 함부로 포기할 수도 없는 고귀한 것이다. 게다가 모든 인간이 똑같이 갖는 권리다. 어떻게 보면 과장된 듯한 느낌이 드는 것이 사실이다. 하지만 우리는 감각적으로 그 사실을 얼마든지 받아들일 수 있다.

사형 선고를 받고 형장의 이슬로 사라지기 직전에 구출된 사람이 훗날 그 국가의 대통령이 되는가 하면, 파렴치한 강도 살인범으로 수감됐던 인간이 무죄임이 판명되어 우리 곁으로 돌아오는 순간을 드물지 않게 경험한다. 이러한 극적인 사건이 단순히 재판이라는 제도 때문에 발생하는 것은 아니다. 인위적으로 만든 제도의 이면에는 우리가 보편적으로 공유하는 가치가 깔려 있다. 지체 높은 관리가 길가에 펼쳐 놓은 노파의 서푼어치 물건을 무심결에 짓밟고 지날 때, 우리가 왜 분노하는지 생각해 보면 안다. 그런 순간 떠오르는 우리 생각의 바탕에 배어 있는 것이 바로 인권 의식이다.

간혹 이상적인 구호처럼 느껴질 때도 있지만, 인권이란 단어는 그 속에 엄청나게 많은 의미를 함축하고 있다. 이렇게 무거운 단어를 우리가 일상에서 사용하는 이유는 무엇인가. 인간 가치의 정신적 실현을 현실로 옮겨 보자는 희망 때문이다.

인권의 실현이란 현실의 삶에서 우리가 얻는 정신적 만족이나 물질적 이익을 뜻한다. 하지만 그런 인권의 실현을 가능케 하는 것은 그에 앞서 존재하는 인권이란 관념이다. 그런데 이것은 전적으로 인간의 정신적 산물이다. 복잡하면서도 놀라운 질서를 보여주는 생명 작용의 하나인 인간의 사고가 만들어낸 것이 인권 개념이다. 그런데 도대체 인간은 언제부터 인권의 주체였단 말인가? 200만 년 전 오스트랄로피테쿠스부터인가, 혹은 크로마뇽인부터인가? 아니면 인류가 사회생활을 시작하면서부터일까?

지금 우리가 말하는 인권이란 관념은 중세의 계급 질서를 깨뜨리고 근대 국가를 세우는 과정에서 모든 인간이 평등하다는 사실을 깨달으면서부터 생겨났다. 하지만 그 사상의 뿌리는 중세는 물론 그 이전에도 분명히 존재했다. 그 사상의 계보

를 확인할 수 있는 범위 내에서 대략 정리하면 인권의 역사라
이름 붙일 수 있겠다.

자연법사상

소포클레스의 「안티고네」

체계와 형식을 좋아하는 사람은 스토아학파에서 이야기를
시작하려 할 것이다. 하지만 우리의 감수성은 포도알이 목에
걸려 죽었다고 전해지는 소포클레스를 빠뜨릴 수 없다. 1997
년 겨울 힐러리가 유엔에서 세계 인권의 날 기념 연설을 할
때 소포클레스의 희곡 이야기를 끄집어낸 이유도 마찬가지일
것이다. 바로 기원전 441년 경 아테네에서 상연된 「안티고네」
가 첫 번째 관심의 대상이다.

「안티고네」는 오히려 그보다 뒤에 쓴 「오이디푸스 왕」과
「콜로노스의 오이디푸스」의 속편에 해당한다. 「오이디푸스
왕」은 널리 알려진 비극의 결정판이고 「콜로노스의 오이디푸
스」는 소포클레스 최후의 작품으로, 그의 사후에 손자가 무대
에 올렸다. 여기서 그 3부작의 줄거리를 살펴보는 것도 나름
대로 의미 있는 일일 것이다.

테베의 왕 라이오스는 젊은 시절 잠시 엘리스란 이웃 나라
에 망명했는데, 거기서 펠로포스 왕의 아들과 동성애를 즐기
다 들킨다. 격노한 펠로포스는 라이오스를 내쫓으며 저주를
퍼부었다. 그것은 바로 라이오스가 아들을 낳게 되면 그 아들

이 라이오스를 죽이고 어머니를 아내로 취할 것이라는 끔찍한 신탁이었다. 그러나 테베로 돌아온 라이오스는 욕정을 이기지 못하고 아내 이오카스테에게 접근하여 아들을 낳는다.

이런 전설을 배경으로 「오이디푸스 왕」의 이야기가 전개된다. 이미 잘 알려진 대로, 라이오스는 저주의 운명을 피하고자 태어난 지 며칠 되지도 않은 아이를 없애기로 한다. 양치기에게 두 발뒤꿈치에 구멍을 뚫고 금실로 꿰어 키타이론 산속의 나무에 걸어 두라고 시킨다. 그러나 마음 약한 양치기가 마지막 순간에 아이를 멀리 코린토스로 보내고, 우연히 아들이 없어 고민하던 폴류보스의 양자가 된다. 폴류보스는 발뒤꿈치가 부어오른 아이의 이름을 장난스럽게 오이디푸스라 붙였다. 오이디푸스는 발이 곪은 아이란 뜻이다. 그러나 그것은 운명의 장난에 비하면 아무것도 아니었다.

청년이 된 오이디푸스는 자신에 관한 이상한 소문을 듣게 되고, 소문의 진상을 파악하기 위해 델포이 신전을 찾는다. 신전 앞에는 '그노티 세이우톤'(너 자신을 알라)이라 쓰어 있다. 오이디푸스는 "뼈를 준 아비를 죽이고, 살을 준 어미를 짝으로 삼는다"는 충격적인 신탁을 듣는다. 오이디푸스가 할 수 있는 일은 코린토스로 돌아가지 않는 길뿐이었다. 운명을 피하기 위해 엉뚱한 방향으로 떠난 오이디푸스는 도중에 만난 라이오스 왕을 사소한 시비 끝에 살해한다. 그리고 도착한 곳이 테베였다.

왕을 잃은 테베는 스핑크스라는 괴물 때문에 곤욕을 치르고 있었다. 그 괴물은 이상한 문제를 낸 뒤 대답 못하는 사람들을 잡아먹었다. 아무도 해답을 알 수 없었다. 그래서 스핑크스를 처치하는 일에 왕좌와 홀로된 왕비를 상으로 내걸었다. 오이디푸스가 나섰다. 스핑크스는 "아침엔 네 발로 걷고, 점심엔 두 발로 걷고, 저녁엔 세 발로 걷는 것이 무엇인가?"라는 질문을 한다. 정답은 '인간'이자, 오이디푸스 자신이었다. 스핑크스를 물리친 오이디푸스는 테베의 왕이 되고 어머니 이오카스테를 아내로 맞는다. 그리고 자식들까지 낳는다.

테베는 바람 잘 날이 없었다. 이번에는 무서운 전염병이 돈다. 그 원인을 추적하던 중 오이디푸스는 알아서는 안 될 모든 비밀을 알게 된다. 그리고 절망에 빠진 오이디푸스는 스스로 두 눈을 찌른다.

장님이 된 오이디푸스는 두 딸이자 누이이기도 한 안티고네와 이스메네를 앞세우고 방랑길에 오른다. 지팡이에 의지한 세 발이었다. 그 사이 테베에선 자매의 두 오빠, 폴류네이케스와 에케오클레스가 왕위를 놓고 싸우다 모두 죽는다. 결국 왕위는 외삼촌 크레온이 차지한다. 아테네 부근의 콜로노스에 도착한 오이디푸스도 회한에 찬 최후를 맞는다. 이것이 「콜로노스의 오이디푸스」이다. 콜로노스는 바로 소포클레스의 고향이기도 하다.

이제 비로소 「안티고네」로 돌아왔다. 왕이 된 크레온은 죽은 두 조카 중 폴류네이케스에 대한 조문을 금지한다. 테베 밖에서 반역을 도모했다는 이유 때문이었다. 그는 폴류네이케스의 시신을 길바닥에 버려두고 새나 개들이 뜯어 먹게 했고, 조의를 표하거나 시신을 매장하는 자는 돌로 쳐서 처형한다고 했다. 그러나 두려움에 떠는 이스메네와 달리 안티고네는 왕의 명령을 무시하고 밤의 어둠을 이용하여 오빠의 시신을 묻는다. 다음날 안티고네는 당장 크레온 앞으로 끌려간다.

크레온 : 감히 네가 '법'을 어겼단 말이냐?
안티고네 : 네, 그러나 그 '법'을 저에게 내리신 것은 제우스신이 아니었습니다. 정의의 신은 그런 '법'을 사람이 사는 세상에 정해 놓지 않으셨습니다. 또한 저는 글로 씌어진 것은 아니지만, 확고한 '하늘의 법'이 있다고 믿습니다. '왕의 법'만 있다고는 생각하지 않습니다.

왕의 명령은 현실의 법인 실정법이다. 그러나 인간의 마음속, 그리고 세상의 이성에는 왕의 법을 넘어서는 법이 있다. 제우스의 법, 정의의 법, 하늘의 법은 바로 자연법을 의미한다. 안티고네의 항변에는 아무리 엄격한 국가의 법이라 하더라도 그보다 근본적인 자연법을 거스를 수는 없다는 사상이 담겨 있다. 물론 그런 의미의 자연법사상은 「안티고네」 이전의 서양사상이나 동양사상에서도 찾을 수 있을 것이다. 지금으로부터 무려 4,000년 전 수메르 인들의 재판 기록을 해독해 보면 그런 사상의 흔적을 어렵지 않게 발견할 수 있다. 그런가 하면 안티고네의 자연법사상을 부정하는 의견도 만만찮다. 미국 컬

럼비아 대학의 일레인 페이질스는 안티고네가 의미하는 것은 자연법이 아니라 신법의 신성함일 뿐이라고 단정한다. 근대의 인권 개념을 기준으로 보면 그런 의견도 가능하다. 하지만 현실 규범의 거울이 되는 척도가 자연법사상이라면, 안티고네의 말과 행동은 그 근원의 일부라고 할 수 있다.

스토아철학

세상의 이치와 인간 정신에 대한 성찰은 인기 있는 희곡 작가의 전유물이 아니었다. 고뇌에 차서 아예 평생을 그 해답을 찾는 데 바치는 철학자라 불리는 사람들이 있었기 때문이다. 소크라테스 이전의 소피스트들부터 플라톤과 아리스토텔레스를 거치면서, 세계와 만물의 본질에 대한 관심은 인간과 현실의 삶으로 조금씩 옮겨졌다. 포르퓌리오스가 절절히 지적했듯이, 어쨌든 모든 사색과 고민은 결국 삶에서 비롯하는 인간 영혼의 고통을 치유할 수 있어야 한다. 그것이야말로 철학의 목적이 아니고 무엇이겠는가.

키프로스에서 온 제논은 돌기둥이 늘어선 아테네 신전 회랑에서 사람들에게 자기의 신념을 강연했다. 강렬한 햇살이나 비를 피하기에 적당한 그 공간을 '스토아'라 불렀다. 그래서 제논에 의해 시작된, 금욕주의로 알려진 사상의 줄기를 스토아철학이라 한다. 제논은 사람들에게 이렇게 말했을 것이다. "삶의 행복은 마음의 평정에서 온다. 그 평온함은 욕심을 채우는 것이 아니라 욕심을 버리는 데서 찾을 수 있다. 네가 원하는 것을 얻으려 하지 말고, 이미 얻은 것을 원하라." 이런 도덕적 강론은 운명결정론처럼 느껴진다. 하지만 스토아학파가 말하는 안내자는 단순한 운명이 아니라 자연이었다.

스토아철학에서 말하는 자연은 신이요, 우주요, 섭리다. 이는 곧 성실한 이성을 뜻한다. 그런 자연의 관념에서 보편적 사상은 저절로 형성된다. 자연이란 좁게 보면 인간 이성이지만, 넓게 보면 세계 이성이다. 사회적 존재인 인간의 공동생활을 규율하는 것이 자연이라고 믿는다면, 그것이 바로 자연법사상이다. 자연이라는 세계 이성은 민족이나 신분의 귀천에 관계없이 만인이 한결같이 공유하는 것이다. 제논의 한마디가 모든 의미를 담고 있다. "인류는 각각 다른 정의의 법칙 아래서 다른 도시에 나뉘어 살 것이 아니라, 마치 공동의 목장에서 풀을 뜯는 양처럼 공동의 법 아래서 오직 하나의 생활, 하나의 질서를 이루고 살아야 한다."

그리스의 스토아철학은 로마의 스토아학파와 기독교에 영향을 미쳤다. 키케로와 세네카로 대표되는 로마 법사상은 그리스 스토이즘을 계승한 것이다. 이 정신은 구체적 제도에도 스며들었다. 에드워드 기번에 의하면 로마에선 노예에 대한 가혹한 규제와 잔인한 취급이 자기 보호를 위한 자연법칙에 적합하다고 보았다. 하지만 경제적 이유 때문에 주인이 노예를 인간적으로 대하기 시작했고, 그 경향은 황제의 덕행이나 정책에 의해 더욱 가속화됐다.

구체적인 예를 들면 이렇다. 로마제국에는 애당초 여성에게 재산 처분권이 없었다. 그러던 것이 아우구스투스 황제 때, 남편이 죽은 뒤 양육해야 할 사람이 있으면 부인이라도 재산을 처분할 수 있게 했다. 네로는 노예에 대한 비인간적 학대를 금지했다. 에스파냐 출신의 방랑자 하드리아누스는 함부로 노예를 죽인 자를 처벌했다. 신전으로 도피한 노예를 체포하지 못하게 한 것은 안토니우스 피우스 시절이었으며, 마르쿠스 아우렐리우스는 연극에서 실제 무기를 사용한 격투를 금지했다. 이런 실정법의 변화는 사상사적으로는 스토이즘의 영향이고, 오늘의 관점에서 보면 인권의 부분적 실현이다.

자연권사상

고대의 자연법사상이 오늘의 자연법철학이나 인권 개념과 일치하는 것은 아니다. 그럼에도 불구하고 고대 자연법사상에서 인권 개념의 근원을 확인할 수 있는 것은 분명하다. 그런 의미에서 중국이나 한국을 포함한 동양철학이나 종교의 인본주의사상도 그 궤를 같이하는 것이다. 오늘날 인권을 나타내는 표기를 보자. 라틴어의 jus, 프랑스어의 droit, 독일어의 recht, 그리고 영어의 right는 권리와 법을 의미하기도 하지만 정의를 나타내기도 한다. 이 같은 예는 인권이 자연법사상과 기반을 같이 한다는 것을 보여준다.

지금의 인권은 권리의 개념이다. 그러나 고대 자연법사상은 구체적 권리 개념으로까지 형성되지 못했다. 오히려 당시에는 권리라기보다 의무에 더 가까웠다. 자연법의 권리란 개인의 사회적 또는 공법적 의무였던 것이다.

서양의 중세는 신과 종교의 시대였다. 인간의 존엄성이나 가치도 신학의 울타리 안에서 논의되었다. 오만하게도 인간이 다른 동물과 구별되는 특별한 권리를 가지는 것은, 인간만이 신의 형상대로 창조되었기 때문이란 믿음도 있었다. 그것이 천부인권설의 근거가 되기도 했다. 그러나 그런 교조적 사고는 인문주의가 태동하면서 바뀌기 시작했다. 인간의 존엄과 가치는 신이나 교회가 부여한 것이 아니라 인간의 이성에 근거하는 것이라 생각했다.

고대 자연법사상은 13세기의 토마스 아퀴나스와 16세기의 프란시스코 수아레스를 거치면서 서서히 자연권 개념으로 바뀌었다. 스페인 도미니크 수도회의 신부 라스카사스는 자연법이 모든 민족에게 공통된 것이라 주장했고, 살라망카 대학의 프란시스코 데 비토리아는 인간은 자연법상 세계 시민이라 갈파했다. 자연법사상은 개인의 사회적 삶을 지배하는 원칙에서 어느새 처분하거나 통제할 수 있는 개인의 능력을 의미하는 형태로 그 개념이 변화하기 시작했고, 그로티우스와 홉스에 이르러서는 자연법을 자연권으로 이해하게 되었다. 자연권 개념은 로크, 루소, 몽테스키외 등 계몽사상가의 영향으로 사회계약설에 흡수, 자유주의사상과 결합하면서 근대 국가 형성에 기여하게 된다.

권리의 문서화

헨리 헌장

자연법사상이 자연권으로 서서히 굳어져 온 것은 사실이나, 그 권리가 처음부터 모든 사람의 것은 아니었다. 오히려 특권 층에서부터 조금씩, 부분적으로 확보되어 온 것에 가깝다. 절 대왕권으로 상징되는 서양의 중세 사회를 보자. 왕 아래 성직 자와 귀족이, 그 아래에 일반인들과 노예가 있었다. 피라미드 식 계급에 따라 제각기 일정한 재산과 자유를 누렸다. 왕은 성 직자와 귀족들에게 봉토와 제한된 권한을 수여하고 그 대가로 충성을 서약 받아 왕권을 유지했다. 모든 권한을 움켜쥔 왕에 게서 재산권과 자유를 조금이라도 더 얻어내려는 것이 특권 계급의 시대적 목표였다. 모든 권리는 말로 하는 약속보다 문 자로 못 박아 두는 게 확실한 법이다. 그 역사는 잉글랜드에서 시작되었다.

1066년 프랑스 북서쪽 노르망디의 윌리엄이 잉글랜드를 정 복한 뒤 왕(윌리엄 1세)으로 즉위했다. 토지 분배를 이용해 왕 권을 강화하던 윌리엄 1세가 사망했을 때 왕위 계승 후보자는 세 아들 로버트, 윌리엄 루퍼스 그리고 헨리였다. 로버트는 장 남이었지만 자질이 부족하다는 이유로 노르망디를 상속시켜 보내버리고, 차남 윌리엄 루퍼스가 새로운 왕(윌리엄 2세)으로 즉위했다. 그런데 어느 날 숲 속에서 사냥하던 윌리엄 2세가 의문의 화살에 맞아 사망했다. 마침 곁에 있던 막내 헨리는 즉시 윈체스터로 말을 달려 노르망디의 로버트가 오기 전에 옥새를 차지했다. 이어 켄터베리 주교의 부재를 틈타 런던 주교의 승인으로 왕위에 올라 헨리 1세가 되었다.

헨리 1세의 입장에서는 형 로버트가 나타나 문제가 복잡해지기 전에 왕권을 확고히 하는 것이 급선무였다. 그래서 귀족과 평민의 반발을 무마하기 위한 방안을 몇 가지 마련했다. 그는 먼저 노르만 왕국이 정립되지 않았다는 이유로, 종래 색슨 왕국의 법률을 계속 시행하여 민심을 수습했다. 윌리엄 2세의 불법적 관행을 폐기하여 귀족을 달래고, 성직자의 소득 소유를 인정하여 종교계를 무마했다. 그리고 부당한 세금을 징수하지 않겠다고 하여 지방 영주들의 불만을 가라앉히려 했다. 헨리 1세의 이런 약속이 바로 「헨리 헌장Henry's Charter of Liberties」이다. 「헨리 헌장」은 비록 제대로 지켜지진 않았지만, 중세의 왕이 스스로 자신의 권한을 축소하여 성직자나 귀족의 권리를 확장하는 내용의 약속을 문서로 만든 출발점이라는 데 의미가 있다.

마그나 카르타

「헨리 헌장」을 먼저 끄집어내는 것은 당연히 「마그나 카르타Magna Carta」를 이야기하기 위해서다. 「마그나 카르타」는 흔히 대헌장이라 하듯이, 최초로 권리를 문서의 형태로 만든 장전이다. 그 이야기의 주인공은 땅을 모두 빼앗겨 실지왕失地王(John Lackland)이란 불명예스런 별명을 얻은 존이다.

잉글랜드는 헨리 1세에서 헨리 2세 시절까지 비교적 평온했으나, 리처드 1세의 지나친 욕심으로 평민과 농노들의 생활이 어려워지기 시작했다. 지방 영주와의 싸움 중 맞은 화살의 상처가 덧나 리처드 1세가 사망하자, 헨리 2세의 막내아들 존이 왕위를 잇는다. 존은 탐욕과 권모술수로 뭉친 성품의 소유자였는데, 즉위할 때부터 조카 아서를 살해했다는 의심을 받고 있었다. 당시 봉건적 지위로는 잉글랜드가 프랑스로부터 봉토를 수여받는 형태였다. 따라서 프랑스 왕 필립은 아서 살해 사건을 프랑스 법정에서 다루기로 결정하고 존에게 소환장을 보냈다. 전전긍긍하던 존이 불응하자, 필립은 존을 중죄인으로 간주하고 프랑스 내의 모든 영지를 몰수한다고 공표했다. 결국 전쟁이 벌어지고, 프랑스 내의 잉글랜드 영토를 모조리 상실하는 것으로 종결됐다.

한마디로 존은 선대의 왕들이 소유해왔던 프랑스 내 영토를 모두 빼앗긴 실패한 왕이 되고 말았다. 뿐만 아니라 교황에게도 굴복하여 잉글랜드 귀족들의 불만이 팽배했다. 이에 대주교는 「헨리 헌장」을 다시 부각시키고, 귀족들은 왕에 대한 충성 포기 선언을 하기에 이르렀다. 정부의 행정은 거의 마비 상태에 빠졌다. 다급해진 존은 러니미드 초원에서 귀족 대표들을 만나 원하는 대로 따르겠다고 약속했다. 그리하여 귀족들의 요구를 문서화한 것이 바로 「마그나 카르타」다.

「마그나 카르타」의 내용은 꽤 방대하다. 미성년자의 상속세와 후견인 제도, 과부의 재혼에 필요한 동의 그리고 지참금

회복 문제 등을 포함하여 무려 63개의 조항으로 이루어져 있다. 봉건 제도의 특수한 관계와 지위를 모르고서는 그 상세한 내용을 이해하기 어렵다. 그러나 모두 귀족 세력의 이해관계가 반영된 것은 분명하다. 예컨대 제1조에서 잉글랜드 자유의 불가침성을 확인하고 모든 자유민이 그것을 향유할 수 있다고 선언했다. 하지만 그 자유는 절대왕권에 대한 귀족의 자유에 한정되는 것이다. 국왕이 봉건 계약상 결정되지 않은 세금을 징수하려면 반드시 귀족으로 구성된 대자문회의의 동의를 얻어야 한다는 조항도 농민과는 전혀 무관하다.

인권 선언의 의미를 부여할 만한 것으로는 제39조가 눈길을 끈다. "자유민은 같은 신분의 사람들에 의한 적법한 판결이나 법의 정당한 절차에 의하지 않고서는 체포되거나 구금되지 아니하며, 재산과 법익을 박탈당하지 아니하고, 추방되지 아니하며, 또한 기타 방법으로 침해당하지 아니한다. 왕은 이에 뜻을 두지 아니하며, 이를 명하지도 아니한다."라고 되어 있다. 하지만 이 조항도 따지고 보면 자유민의 권리를 위한 것이 아닌, 왕권 제한을 통한 귀족 세력의 확대를 위한 것일 뿐이다. 물론 당시의 자유민은 지금의 자유민과도 다르다. 자유민이란 그 아래의 비자유민을 전제로 한 하나의 계급이다.

형식적인 면에서도 「마그나 카르타」는 모든 자유민을 주체로 한 권리 선언이 아니라, 국왕이 행한 서약이다. 말하자면 「마그나 카르타」는 봉건 체제의 문서이지 근대적 의미의 인권 보장을 목적으로 한 권리 장전은 아니다. 그렇지만 그 이전의 시기를 고려할 때, 「마그나 카르타」의 의미를 '자유의 상징'이라 받아들일 만한 측면이 있다. 「마그나 카르타」의 실질적 의미는 노르만 시대 전제군주제의 종말을 시사했다는 데 있을 것이다. 그 상징적 가치를 결코 가볍게 평가할 수만은 없다. 「마그나 카르타」에 근거하여 훗날 자유와 권리의 내용이 확장되고, 그 대상이 국가의 모든 구성원에게까지 확대되었다. 그리고 「마그나 카르타」는 입헌군주국가 성립 이후 오늘날까지 영국 헌법의 일부로 그 효력을 발휘하고 있다.

권리청원

백년전쟁과 장미전쟁 이후 봉건 체제가 무너지고 영국 국교의 정착으로 교황권이 몰락하면서, 엘리자베스 여왕으로 대표되는 튜더 왕조는 중앙집권화를 이루었다. 그러면서도 튜더 왕조의 왕들은 의회나 왕권의 균형을 비교적 잘 유지했다. 그러나 엘리자베스의 사망에 뒤이은 스튜어드 왕조는 그렇지 못했다. 당장 문제는 왕실과 정부의 재정이었다. 필요한 돈을 세금으로 거둬들이려면 의회의 승인이 필요했다. 제임스 1세는 재정난 탈출을 위해 온갖 방법을 강구하여 의회를 소집했지만, 의회는 왕의 요구를 단호하게 거절하고 오히려 「헨리 헌장」과 「마그나 카르타」의 준수만 요구했다. 이런 마찰로 인해 제임스 1세는 의회를 해산시키기도 했다.

제임스 1세의 아들 찰스 1세는 더 독단적인 행동으로 의회의 비위를 건드렸다. 재원 마련을 위해 세 번째 의회를 소집했을 때, 의회는 왕권에 거세게 도전했다. 의회는 찰스 1세의 요구를 받아들이되 조건을 붙였다. 왕권을 제한하는 내용의 입법을 시도한 것이다. 하지만 법을 제정하려면 왕의 재가가 필요했을 뿐 아니라, 귀족들은 만든 법의 내용이 너무 과격하다고 반대하기도 해 입법은 쉽지 않았다.

이때 법관 출신의 법학자 에드워드 코크가 나서서 절충안을 제시했다. 왕의 굴복을 강요하는 듯한 법안 통과 요구 대신 그 내용을 왕에 대한 청원 형식으로 하자는 것이었다. 그래서 그 청원을 왕이 수용하는 방식을 취하면, 왕으로서는 체면을 구기지 않아도 되고 의회로서는 당초의 목적을 달성할 수 있다는 생각이었다. 그리하여 코크가 기초하고 양원을 거친 다음 찰스 1세로 하여금 승인하게 한 것이 바로 1628년의 「권리청원the Petition of Rights」이다.

그래서 본문이 시작되기 전에 "성직자나 성직자가 아닌 귀족원 의원과 하원 의원으로 모인 국회가 신민의 모든 자유와 권리에 관하여 국왕 폐하에 봉정하고, 그에 대하여 폐하께서 국회 전체에 답하신 청원"이란 설명이 붙어 있다. 본문의 내용도 "지엄하신 국왕 폐하께"로 시작한다. 그리고 본문의 말미에 "왕국은 우리나라의 법률과 관습에 따라 정의가 이루어지기 바란다."는 왕의 답신이 있다.

「권리청원」은 비록 의회가 제정한 법은 아니지만 국왕을 굴복시킨 중요한 내용들을 담고 있다. 신체 자유권의 확인, 상납금 금지, 의회 동의 없는 과세 금지, 특별 재판 금지, 이유의 명시 없는 체포나 구금 금지, 군대의 강제 민박 금지 등이 그것이다. 이런 사항은 사실 「마그나 카르타」에서 이미 확인된 바 있지만 의회를 통해 중산층의 보편적 자유권에 대한 주장이 반영되었다는 점에서 「마그나 카르타」와는 차이가 있다. 특히 국왕보다 법이 우위에 있다는 원칙 아래서 의회가 국왕의 권력과 법률적 권위 사이에 명확한 경계선을 그은 시도라는 데 의의가 있다. 「권리청원」은 내용 자체의 효과보다, 훗날 명예혁명과 권리장전으로 이어져 입헌군주제의 출현에 발판이 되었다는 점에서 역사적 가치를 가진다.

인신보호법

「권리청원」이후에도 찰스 1세는 쉽게 물러서지 않았다. 그러다 보니 의회와 극단적으로 충돌했고, 내란과 청교도혁명을 겪어야 했다. 결국 크롬웰의 독재정치가 시작됐고, 그 결말은 다시 찰스 2세의 왕정복고로 이어졌다. 찰스 2세는 역사학자이기도 한 클래런던을 정치 일선에 내세우고 안락한 생활을 도모했으나, 클래런던은 실정과 런던 대화재로 물러나고 말았다. 찰스 2세는 프랑스의 루이 14세와 손잡고 전제군주가 되려는 기미를 보였다. 의회는 일제히 위험한 왕의 태도를 견제했다. 그 정도와 방식에 따라 의회 내부는 개혁파 휘그당과 아일랜드 해적 이름을 딴 보수파 토리당으로 양분됐다. 이런 분위기에서 찰스 2세는 한걸음 뒤로 물러나 신중을 기했다. 1679년 선거를 계기로 의회 정치는 드디어 본래의 모습과 기능을 드러냈다. 그 기회에 의회에서 통과시킨 것이 「인신보호법the Habeas Corpus Act」이다.

「인신보호법」의 중요한 내용은 인신 보호를 위한 영장제도다. "신민의 자유를 보다 잘 보장하고, 해외에서 구금당하는 일을 방지하기 위한 법률"이란 부제가 잘 말해 준다. 이는 지금의 구속영장제도, 영장 실질 심사라 부르기도 하는 구속 전 피의자 심문제도, 구속적부심제도 그리고 보석제도의 혼합 형태로 보면 된다. 「인신보호법」은 범죄 혐의자를 구금할 때의 절차를 아주 세밀하게 규정하고 있는데, 핵심은 '어떠한 경우라도 체포 또는 구금된 사람은 가능한 빠른 시간 내에 법관 앞에 가서 체포나 구금의 이유에 대한 판단을 받을 권리가 있다는 것이다.

권리장전

그래도 찰스 2세는 그럭저럭 의회와 균형을 유지하며 호사스런 생활을 누리다 생을 마감했다. 그 뒤를 이은 것이 찰스 2세의 동생 제임스 2세였다. 제임스 2세는 의회의 희망을 저버리고 고집스런 반동정치를 폈다. 절대왕권의 표본인 상비군을 모집해 반란 진압에 사용하는가 하면, 가톨릭주의자를 중용하여 영국 국교를 탄압했다. 이런 흐름은 의회의 위기 상황으로 돌변했고, 의회는 제임스 2세의 축출을 계획한다. 의회는 영국 국교를 믿는 제임스 2세의 큰딸 메리를 떠올렸다. 메리는 네덜란드의 윌리엄 오렌지와 결혼해서 그곳에 머물고 있었다. 의회는 메리와 오렌지를 설득하여 영국으로 오게 했다. 1688년 마침내 오렌지와 메리가 런던에 입성했다. 그 의미가 명백했지만 아무도 제임스 2세를 옹호하지 않았고, 결국 그는 스스로 프랑스 망명길에 올랐다. 아무런 싸움 없이 정권 교체를 성공했기에 이를 무혈혁명 또는 명예혁명이라 부른다.

의회는 오렌지가 외국인이었기에 왕으로 추대하되 메리와 공동으로 왕권을 행사하도록 했다. 그 조건을 받아들여 오렌지는 윌리엄 3세로 왕위에 올랐다. 윌리엄 3세는 국내 정치를 의회에 맡겼고, 의회도 윌리엄 3세를 믿었다. 그러나 의회는 윌리엄 3세의 세력이 커져 전제화할 가능성에 대비하여 왕권을 제한하고 의회의 권리를 확고히 할 필요를 느꼈다. 그 목적으로 의회가 윌리엄 3세에게 요구하여 승인하도록 한 것이 1689년의 「권리장전the Bill of Rights」이다.

「권리장전」은 "신민의 권리와 자유를 선언하고 왕위 계승을 정한 법률"이다. 「권리장전」의 내용은 앞서 「헨리 헌장」, 「마그나 카르타」 그리고 「권리청원」에 열거된 것과 유사하다. 먼저 서두에 제임스 2세의 위법 행위를 열거한 뒤, 13개 항에 걸쳐 반드시 지켜야 할 권리와 자유를 천명하고 있다. 국왕은 법의 효력에 귀속되며, 예산은 매년 의회 의결을 거치고, 자유로운 의회 선거가 보장되어야 하며, 특별재판소 설치를 허용하지 않고, 의회를 정기적으로 열어야 한다는 등을 규정하고 있다.

「권리장전」은 의회가 요구한 사항을 성문화하여 왕권보다

우위에 둔 것이므로, 왕은 군림하나 통치하지 않는다는 입헌
군주제의 시작을 알리는 것이다. 왕의 지배가 아닌 법의 지배
를 의미함과 동시에 훗날 입헌 국가들의 헌법에 기본권 형식
으로 인권이 구체화되는 단초를 열었다는 역사성을 함축하고
있다.

혁명과 인권 선언

잉글랜드에서 전개된 권리의 문서화는 지금의 인권 관념에
서 보면 실질적이라기보다 상징적이다. 각종 권리 장전의 내
용 중에는 오늘의 인권이나 기본권 목록에 올라 있는 것과 같
거나 유사한 형식도 없지는 않다. 하지만 그 문서화된 권리가
아직 개인의 발견에까지는 이르지 못했다. 다시 말하면, 모든
인간의 권리를 의미한 것이 아니었다.

잉글랜드의 권리 장전들이 귀족 계급 중심으로 이루어질
수밖에 없었던 것은 당시 봉건 사회의 구조적 특성 때문이다.
하지만 봉건제도가 서서히 붕괴하면서 권리의 범위와 내용을
결정하는 주도권은 귀족에서 의회로 넘어갔다. 의회가 중심이
되어 왕권을 제한함으로써 의회 민주주의를 확립하고, 일종의
그 반사적 효과로 일반인의 권리가 조금이나마 확보됐다. 왕
권을 완전히 법의 지배 아래로 끌어내린 뒤, 이른바 입헌군주
제의 헌법적 역할을 「마그나 카르타」 이후 각종 권리 장전들
이 떠맡았다. 영국에서 전개된 이러한 권리 확보의 사상은 당

연히 미국으로 이어졌고, 그 흐름은 프랑스에까지 영향을 미쳤다.

미국의 독립선언

1606년 12월 영국의 이민선 수잔 콘스탄트 호가 144명의 남자를 태우고 체서피크만에 도착하고, 1620년 9월 청교도들을 태운 메이플라워 호가 보스턴 남쪽에 닿은 이후, 신대륙 미국은 점점 자유와 기회의 땅으로 변모했다. 종교의 자유를 찾아, 정치적 박해를 피해, 새로운 기회를 찾아 많은 이주민들이 미국으로 건너갔다. 정착에 성공한 이주민들이 만든 사회는 영국 식민지촌이 되었고, 그 이면에 서서히 노예제도가 생겼다. 확장된 담배 농장의 부족한 인력을 아프리카에서 수입한 흑인 노예들로 충당했기 때문이다.

영국 정부는 늘어난 국가 채무의 일부를 식민지에 부담시키기 위해 설탕법, 인지세법, 타운센트법 등을 제정했다 폐기하기를 거듭했다. 이에 식민지인들의 불만이 고조되기 시작했다. 결국 1773년의 보스턴 차 사건은 새로운 국면으로 치닫는 도화선이 됐다. 영국 정부는 파산 위기에 처한 동인도회사의 회생을 위해 미국에 대한 차 판매 독점권을 주었다. 막대한 손해를 입게 된 식민지 상인들은, 지금은 보스턴의 흑맥주 이름으로 남아 있는 새뮤얼 애덤스가 조직한 행동단 '자유의 아들들(Sons of Liberty)'을 주축으로 하여 동인도회사의 차 불매운동을 벌였다. 그들은 인디언으로 변장하고 보스턴 항에 정박

중인 동인도회사의 선박에 침입해 싣고 온 차를 모두 바다에 던져버렸다. 영국은 보스턴 항을 폐쇄하고 매사추세츠 인들이 참기 어려운 법을 만드는 등 단호하게 대처했다.

매사추세츠 문제를 놓고 조지아를 제외한 12개 식민지 대표들이 1774년 필라델피아에 모여 제1차 대륙회의를 열었다. 이듬해 영국은 새뮤얼 애덤스와 존 행콕에 대한 체포 명령을 내렸고, 그것이 계기가 되어 렉싱턴과 콩코드에서 영국 정부군과 미국 식민지 민병대 사이에 전투가 벌어졌다. 사태가 심각해지자 버지니아의 대농장주 토머스 제퍼슨과 필라델피아의 벤저민 프랭클린이 제2차 대륙회의를 소집해 식민지 연합군을 창설했고, 사령관으로 조지 워싱턴을 임명했다. 영국은 식민지에서 일어난 사태를 반란으로 규정하고 진압 부대를 파견했다. 대륙회의는 전쟁에 대비해 프랑스의 원조를 얻는 데 성공, 프랑스의 라파예트가 참전했다.

그러나 전쟁이 본격화되었음에도 불구하고 1775년이 저물 때까지 대륙회의의 목표는 불분명했다. 미국의 목적은 영국으로부터의 독립이 아니었다. 불만은 오직 과세와 무역 제한이었다. 전쟁으로 피가 땅을 물들여도 식민지 지도자들은 영국왕 조지 3세를 '폐하'로 받들었다. 조지 워싱턴을 비롯해 훗날 독립선언서에 서명한 25인의 인사들 역시 한결같이 독립을 원하는 것은 아니라는 성명까지 발표했다.

이런 분위기를 일시에 반전시킨 사람은 영국에서 건너간 토머스 페인이었다. 두 번의 결혼에 실패하고 직장에서도 쫓

겨난 페인은 새로운 일을 모색하던 중, 우연히 런던에서 만난 벤저민 프랭클린의 권유로 미국행을 선택했다. 그리하여 페인은 1774년 11월 필라델피아에 도착했다.

영국과 식민지 사이의 전쟁을 지켜보던 페인은 왜 투쟁의 목표가 독립이 아닌 세금이냐고 의문을 제기했다. 그리고 1776년 1월 그의 생각을 「상식Common Sense」이란 제목의 팸플릿으로 발행했다. 익명으로 펴낸 50페이지의 이 작은 책자는 수십만 부가 팔렸다. 비로소 미국 식민지인들에게 독립사상이 싹텄다.

페인은 영국의 군주제야말로 최고의 법인 자연법에 어긋나는 정부 형태라고 비난했다. 마찬가지로 미국 같은 큰 대륙이 작은 섬나라 영국의 통치를 받는 것도 자연법 질서에 어긋나는 일이라고 주장하며, 독립을 선포하고 필요한 법을 스스로 만들어야 한다고 외쳤다. 자연권이 바로 국가라는 것이었다.

페인의 영향력은 컸다. 13개 식민지는 펜실베이니아를 선두로 제각기 독립된 공화국을 세우기 시작했다. 1776년 4월에 13개 식민지 대표로 구성된 대륙회의는 영국을 제외한 모든 국가에 항구를 개방했다. 같은 해 6월 12일에는 버지니아가 헌법을 선포했으며, 그해 7월 4일에 열린 대륙회의에서 독립선언서를 채택했다.

버지니아 주가 선포한 헌법(Virginia Declaration of Rights)은 흔히 '버지니아 권리 장전' 또는 '버지니아 권리 선언'이라고도 한다. 조지 메이슨의 주도로 간단한 전문과 16개의 조문으로 구성된 그 내용은 영국의 권리 장전들에 비해 훨씬 구체적이고 보편적인 사상을 표현하고 있었다. 제1조는 이렇다. "모든 사람은 태어날 때부터 자유롭고 독립적으로 천부의 권리를 가진다. 이런 권리는 인민이 사회를 조직할 때 어떠한 계약으로도 박탈할 수 없는 것이다. 그것은 재산을 얻어 소유하고 행복과 안녕을 추구하여 획득하는 수단을 비롯하여 생명과 자유를 향유할 권리다." 그 밖에도 공직의 특전과 지위의 세습 금지, 입법권과 행정권과 사법권의 구별, 자유선거의 보장, 형사상 적법 절차, 배심제도, 언론과 출판의 자유, 종교와 양심의 자유 등을 규정하고 있다. 생명권이나 자유권보다 사유재산권을 앞세우고, 행복추구권을 규정한 것이 이채롭다. 삼권분립의 주창은 로크와 몽테스키외의 사상이 반영된 결과다. 버지니아 권리 선언에서 '인간의 권리'라는 용어를 직접 사용한 것은 아니지만, 이미 자연법사상이 자연권적 개인의 권리로 변모하고 있음을 알 수 있다. 이러한 버지니아 권리 선언은 뒤에 미국 헌법 정신의 모태가 된다.

버지니아 권리 선언에 이어 그 다음 달, 즉 1776년 7월 4일 대륙회의는 미국 「독립선언서The Declaration of Independence」를 공식으로 채택했다. 1775년 제2차 대륙회의 때 버지니아 대표로 참석했던 토머스 제퍼슨이 그 초안을 작성했다. 젊어서 대농장의 소유자였으며 늙어서 남부를 대변하는 지역주의자이자 노예제도 옹호론자였던 제퍼슨은 미국 제3대 대통령까지 역임했다. 제퍼슨이 만든 「독립선언서」의 두 번째 문장은 오늘날에도 마치 인권의 절대적 속성처럼 되풀이되고 있다. "우리는 다음과 같은 사실을 자명한 진리로 확신한다. 모든 인간은 태어나면서부터 평등하고, 창조주로부터 불가양의 권리를 부여받았으며, 그 권리 중에는 생명의 자유와 행복을 추구할 권리가 포함되어 있다."

독립 선언으로 13개의 식민지는 13개의 공화국임을 세계에 알리게 됐다. 이어서 각 공화국은 차례로 헌법을 제정하였다. 그 사이에 영국을 상대로 본격적인 독립전쟁을 진행하였고, 조지 워싱턴과 너새니얼 그린이 전공을 세웠다. 영국에 대한 승리가 거의 확실해지자, 1781년 3월 13개 독립국들은 연합헌장을 채택하여 하나의 미합중국(the United States of America)으로 재탄생했다.

1783년 파리평화회의의 승인으로 미국은 식민지 혁명으로 이룬 최초의 공화국이 됐다. 그러나 13개의 개별 국가는 주권을 그대로 지니고 있었고, 연합 의회는 중앙 정부로서 기능하지 못했다. 재정 상태가 악화되고 사회가 혼란스러워지자 강력한 중앙 정부에 대한 요구가 커져만 갔다. 1787년 필라델피아에서 열린 연방 정부 수립을 위한 제헌의회에서 헌법안을 마련했다. 최초의 연방 헌법의 내용에 기본권에 관한 조항은 없었다. 오직 13개 정부의 결합체에 대한 권한 배분과 통치기구의 조직에 관한 내용만으로 구성되었다. 연방 헌법은 프랑스대혁명이 일어난 1789년에 필요한 비준을 얻어 효력이 발생했다.

그러나 각 지방 정부의 비준을 받는 과정에서 연방 정부가 개인의 자유를 침해할 때에 대한 대비책이 전혀 없다는 것이 연방 헌법의 결함으로 지적됐다. 즉시 제임스 메디슨이 앞장서 10개 조항의 권리 장전을 만들어 헌법에 추가했다. 부칙처럼 헌법 조문의 말미에 추가한 조항을 수정 조항(Amendment)이라 한다. 최초 10개의 수정 조항은 1791년에 확정됐다. 그 뒤로 필요할 때마다 수정 조항을 덧붙이는 형태로 오늘에 이르고 있다. 따라서 미국 연방 헌법에서 개인의 기본권은 모두 수정 조항에 담겨 있다.

프랑스 혁명

혁명 전의 프랑스는 그야말로 절대왕정의 최대 강국이었다. 그러나 말년을 예감한 듯 왕권이 조금씩 흔들리기 시작했다. 무엇보다 계몽사상과 미국의 독립이 프랑스 정신에 강한 영향을 미쳤다. 영국에 대항한 미국 식민지의 전쟁에 프랑스가 가담하고, 미국의 독립 선언으로 제1막은 종결된 셈이었다. 미국의 독립이 성취되던 과정의 생생한 체험담이 프랑스에 전해지고, 그에 대비하여 프랑스 구체제의 사회적 모순이 드러나기 시작했다. 제2막의 서장에 해당한다.

구제도(앙시앵레짐)는 신분 계급과 소득 분배의 불균형으로 요약할 수 있다. 세 계급은 성직자, 귀족 그리고 평민이었다. 상위 계급의 적은 인구는 절대적으로 많은 재화를 소유했다. 사회적 특권도 엄청났다. 루이 16세가 중용한 재정가 튀르고와 네케르가 당면한 과제는 국가 재정난 타파였다. 그 방안으로 제시된 것이 제1계급 성직자와 제2계급 귀족들로부터 세금을 징수하는 일이었다. 국왕은 반대하는 귀족들에 대한 과세를 실현하기 위해 60년 이상 소집하지 않던 삼부회를 열었다. 1789년 1월 삼부회 소집에 제3계급의 정원을 두 배로 늘려 제1계급 247명, 제2계급 188명, 제3계급 500명의 대표를 선출했다. 최고 쟁점은 표결을 신분 비례로 하느냐 사람 수로 하느냐였다. 시에예스는 특권층을 한꺼번에 공격하면 국가가 공포와 혼란에 빠질 수 있으므로, 세제 개혁과 인권 보장만 요구하자고 했다. 제3계급의 요구는 봉건적 특권 폐지, 과세에 대한 의결권과 감사권, 각종 부당한 검열 제도의 폐지라는 세 가지로 집약됐다. 그 요구가 관철됐더라면 적어도 그때 혁명이 일어나지는 않았을 것이다.

그러나 5월 5일 루이 16세의 임석으로 개최된 삼부회는 핵심을 비껴가며 지지부진했다. 그러자 제3계급 대표들은 삼부회를 포기하고 따로 국민의회를 결성했다. 국민의회는 "대표 없이 과세 없다."는 미국의 구호를 원용하며 버텼다. 국왕이 국민의회가 사용하던 의사당을 봉쇄하자, 의원들은 실내 테니스 코트에 모여 헌법이 제정되기 전까지 국민의회는 해산하지 않을 것이라고 선언했다. 상황이 진전됨에 따라 파리 시민들은 국왕의 무력 탄압으로부터 국민의회를 지켜야 한다고 생각했다. 민병대를 조직하고, 탄약을 얻기 위해 7월 14일에 바스티유 감옥을 습격했다. 군중은 비로소 자신들의 힘을 깨달았다. 무법의 질서가 혼란스럽게 전개되다, 8월에 이르러 구제도는 남김없이 소멸되었다. 전국이 혁명의 성공에 환호했다.

혁명의 결과가 전국으로 확산하자, 국민의회는 혁명의 원리와 이념을 널리 알릴 필요를 느끼게 됐다. 그에 따라 8월 26일에 채택하여 선포한 것이 「인간과 시민의 권리 선언」이다. 이것이 보통 '프랑스 인권 선언'이라 부르는 것이다.

「인간과 시민의 권리 선언」의 기초 작업에는 미국독립전쟁을 경험하고 돌아온 라파예트가 참여했다. 짧은 전문에서 인권에 대한 무지나 망각은 공공의 불행과 정부 부패의 원인이 된다는 경고와 함께 인권이 인간의 자연적이고 포기할 수 없는 권리임을 선언했다. 그리고 17개의 조문에서 평등권, 정치적 결사권, 신체권 등의 기본권을 열거하고, 모든 주권이 인민에게 있다는 것을 밝혔다. 마지막에는 소유권의 신성불가침성을 덧붙여 놓았다. 재산권을 가장 중요한 권리의 하나로 여기는 18세기 전통의 관념 때문이다.

「인간과 시민의 권리 선언」은 표제가 보여주듯 인간의 권리와 시민의 권리를 나누고 있다. 전자는 인간이면 누구나 누리는 자연권을, 후자는 프랑스 인민으로서 누리는 권리를 말한다.

국민의회의 그 다음 임무는 헌법 제정이었다. 그러나 프랑스 시민의 경험과 의식은 미국과 달라 얼마간 혼란이 있었으나, 1791년 9월 혁명 헌법이 확정됐다. 입헌군주제를 채택한 제정 헌법은 불행하게도 재산과 납세 능력에 따라 참정권을

크게 제한했다. 선거권은 25세 이상의 능동적 시민에게 주어
졌으나, 그들의 권리는 재산세를 더 많이 내야 하는 2급 선거
인을 선출하는 데 그쳤다. 국회의원을 선출하는 것은 2급 선
거인들의 몫이었다. 그래도 최초의 헌법은 「인간과 시민의 권
리 선언」의 내용을 수용했다. 미국에 이어 실정법인 헌법으로
인권의 목록을 받아들이는 또 하나의 선례를 남긴 것이다. 그
러나 그 후 프랑스 헌법에서 인권 조항은 포함과 제외를 반복
하다, 지금은 헌법 전문에 인권 선언을 수용한다는 규정만 두
고 있다. 따라서 현재 프랑스 헌법에는 기본권 규정이 없다.
하지만 전문을 통해 「인간과 시민의 권리 선언」의 정신은 그
대로 받아들여지고 있다.

혁명의 영향

프랑스 혁명은 자유와 평등 그리고 인권 보장의 정신을 유
럽 전역에 퍼뜨리는 데 기여했다. 국가 내부의 특수한 사정으
로 헌법 제정 등 인권 보장 규범을 뒤늦게 갖추기 시작한 독
일도 프랑스의 영향을 받지 않을 수 없었다. 통일 전 나폴레옹
이 세운 소왕국 베스트팔렌이 1807년 헌법을 제정했고, 1849
년 프랑크푸르트에서 통일독일제국 헌법을 확정하여 인권 보
장의 규범을 갖추었으나, 정치적 통일이 뒤따르지 않아 사문
화되고 말았다. 오히려 벨기에는 1830년 혁명에 성공하고 다
음 해 헌법을 제정했다. 벨기에 헌법은 1849년 오스트리아 헌
법, 1850년 프러시아 헌법에 영향을 주었다. 독일 헌법의 인

권 보장 전통은 1919년 바이마르 헌법에 계승되어 1949년 서독 기본법에서 꽃을 피웠고, 1990년 통일 독일의 기본법으로 이어졌다.

근대의 물결에 실린 인권 개념의 편린은 태평양 너머로까지 건너갔다. 1889년 메이지 헌법으로 불리는 대일본제국 헌법이 공포됐다. 메이지 헌법은 인권이 아니라 신민의 권리라는 이름으로 자유권을 규정했다. 천황 주권의 이름 아래 열거된 자유권의 목록은 상당히 제한적인 것이었다.

우리 헌법사에서 개인의 권리를 규정한 최초의 문헌은 1919년 4월에 선포한 「대한민국 임시 헌장」이다. 모든 인민은 남녀, 귀천, 빈부에 의한 차별 없이 평등하다는 선언과 함께 신교, 언론, 저작, 출판, 결사, 집회, 신서信書, 주소 이전, 신체와 소유의 자유를 누린다고 규정하고 있다. 「대한민국 임시 헌장」과 거의 동시에 발표한 「한성 정부 국민 대회 약법」에도 국민의 자유와 권리를 존중함을 국시로 삼는다고 명시하고 있다. 이런 내용은 그 해 9월 11일 제정한 대한민국 임시 헌법에 그대로 이어졌다.

세계 인권 선언과 국제화

유엔 헌장

어떤 직설적 표현처럼, 중세 서양이 암흑이었을 리는 없다. 하지만 봉건제도의 계급화된 사회에서 각자가 누릴 수 있는 자유와 권리는 답답할 정도로 불만스런 것이었음에 틀림없다. 그 벽을 허물고 터널을 통과하는 과정의 발단을 영국의 왕과 귀족 사이에서 보았다. 그리고 18세기 후반 미국과 프랑스가 인민을 주체로 한 권리 선언을 했고, 다음 세기에 이어진 근대 입헌국가의 헌법에 인권이 기본권으로 구체화되기 시작했다. 이런 양상은 제2차 세계대전 이후 세계적으로 보편화됐다.

근대 국가의 헌법이란 그릇이 생기면서 인권의 사상과 이념을 담을 수 있게 됐다. 그러나 그 형식은 한마디로 국내적 관심사를 국내용으로 체계화한 것에 불과했다. 인권 선언이든 헌법의 기본권이든 처음부터 계급적 성격을 완전히 탈피한 것도 아니었고 외국인은 아예 고려 대상이 아니었다. 표현한 내용은 오늘의 인권과 같은 것이라 할지라도, 실상은 국가와 정부 중심의 권리였다.

어떤 일에든 결정적 계기가 있게 마련이다. 인권의 관념이 각 나라의 헌법 기본권의 울타리를 벗어나 세계성을 띠게 된 것은 두 차례의 끔찍한 전쟁을 겪고 난 뒤였다. 제1차 세계대전에 대한 반성의 결과, 국제연맹이 창설되었다. 하지만 1919년 제정된 「국제연맹규약The Covenant of the League of Nations」에는 인권에 대한 언급이 전혀 없었다. 국제 정치적 이해관계의 조정 외에 인권의 측면에 관한 구체적 내용은 없는 셈이었다. 반면 국제법 학자들의 노력은 달랐다. 제1차 세계대전 뒤 국제 규범에 의한 인권 보호가 필요하다는 인식에서, 그들은 「인간의 국제 권리에 관한 선언The Declaration of the International Rights of Man」을 1929년에 채택하였다.

제2차 세계대전 이전까지의 국제 관계에서 인권은 공식 주제가 아니었고, 그저 국가 내부의 문제 정도로 취급됐다. 그렇다고 국제적인 인권 문제가 발생하지 않은 것도 아니었다. 미국에선 인종 차별이 만연했고, 소련은 전체주의적 비밀경찰 국가였으며, 영국과 프랑스를 비롯한 유럽 국가들은 식민지를 계속 경영하고 있었는가 하면, 중남미는 대부분 독재로 점철되어 있었다. 어떻게 보면 대부분의 국가들이 조직적으로 인권 침해 행위를 일삼고 있었던 셈이었다. 그런데도 인권은 국제무대에서 관심을 끌지 못했다. 그 이유 중 하나는 인권을 한 국가의 주권 문제로 여기는 당시의 관행이었다. 내정 불간섭(nonintervention)을 주권(sovereignty)에 대한 승인과 예우라고 생각해, 다른 나라의 인권 문제에 간여하는 것은 내정 간섭이자 주권 침해로 여겼던 것이다.

그러나 나치스의 만행과 제2차 세계대전의 쓰라린 경험은 인간과 국가에 대한 인식을 바꾸어 놓았다. 진정으로 국제 사회의 평화 유지를 위해서 집단안보체제가 필요하다고 느끼게 된 것이다. 1941년 1월 미국 대통령 프랭클린 루스벨트는 의회에 보내는 연두교서에서 자유란 세상 어디서든 인권이 지배하는 것을 의미한다고 하며 자유의 중요성을 되풀이하여 강조했다. 그리고 세계 평화와 인권을 위한 국제기구 수립의 움직임이 이어졌다. 1945년 4월부터 열린 샌프란시스코 강화 회의에서 유엔과 관련한 기본 사항들이 의제가 되었고, 10월 24일에 「유엔 헌장Charter of the United Nations」이 선포됐다.

「유엔 헌장」은 인권 선언은 아니었지만 인권에 관해 언급했다. 제1조 제3항에서 "인종, 성별, 언어, 종교의 차이를 불문하고 모든 인권과 기본적 자유를 증진하고 촉구하기 위한 국제 협력"을 목적으로 내세웠다. 유엔 총회와 경제, 사회 문제의 국제 협력에 관한 조항에서도 인권이란 용어를 되풀이 사용했다.

세계 인권 선언

유엔을 창설하고 난 뒤 인권 문제는 경제사회이사회가 맡도록 했다. 경제사회이사회는 인권 분야의 임무 수행을 위해 인권위원회를 구성했다. 1946년 4월부터 시작한 회의에서 아홉 명의 위원을 결정했는데, 위원장에는 이미 사망한 프랭클린 루스벨트의 부인 엘리너 루스벨트를 임명했다. 부위원장은 중국의 피시 창, 보고자는 레바논의 찰스 말리크였다. 그들은 1949년 6월에 인권 선언 초안위원회의 중심인물로 활약했다. 그러나 인권의 정의부터 논란의 대상이 되는 등 자유주의와 마르크스주의의 대립, 종교에 따른 관념의 차이 때문에 작업은 순탄하지 않았다. 청원권, 소수 민족의 권리, 억압에 대한 저항권은 아예 내용에서 제외되었다. 유고슬라비아는 유엔 헌장의 부속 영토에 대한 적용에 관해 문제를 제기했다. 유엔은 국가들의 연합이므로, 독립된 영토가 아닌 통치 지역이나 식민지에 거주하는 사람에게 선언의 효력이 미치지 않는다면 곤란하다는 것이었다. 그때 프랑스의 르네 카상이 문서의 제목을 국제 인권 선언(International Declaration of Human Rights)에서 세계 인권 선언(Universal Declaration of Human Rights)으로 바꿔 문제를 해결하자고 제안했고, 이것은 즉시 열광적인 지지를 얻었다. 마침내 「세계 인권 선언」이 확정되는 순간이었다.

1948년 12월 10일 유엔 총회에서 8개국이 기권하고 표결에 참여한 48개국 대표 전원의 찬성으로 공식 채택된 「세계 인권 선언」은 세계 모든 국가와 국민들이 성취해야 할 인권의 공동 기준이 마련된 것이다. 하지만 그것은 선언에 불과할 뿐 조약은 아니었다. 즉, 규범적 효력을 갖는 세계 헌법으로 기능할 힘이 없었다.

때문에 국제법으로서 구속력이 있는 구체적 인권 규범이 절실히 요구되었고, 그 과제는 거의 30년이 지나서야 완성될 수 있었다. 두 가지 규약이 1966년 12월 채택되어 1976년 3월부터 발효된 것이다. 하나는 경제적, 사회적, 문화적 권리에 관한 국제 규약인데, 흔히 'A규약 또는 '국제 사회권 규약이라고 한다. 다른 하나는 '국제 자유권 규약'인 '시민적, 정치적 권리에 관한 국제 규약이다. 물론 'B규약이라고도 부른다. 이 규약에 가입한 국가는 규약의 내용을 이행할 의무를 진다. B규약에는 두 개의 선택 의정서가 붙어 있는데, 국가 사정에 따라 선택할 수 있도록 한 정치적 배려의 결과다. 이 두 규약으로 인해 「세계 인권 선언」은 애초에 의도했던 것보다 훨씬 중요하고 실질적인 위상을 가지게 됐다. 상징적 선언이란 오명에서 벗어나, 「세계 인권 선언」은 두 국제 인권 규약과 함께 국제 장전을 이루어 국제 인권법의 초석이 됐다.

「세계 인권 선언」을 기초로 수많은 인권 조약이 쏟아졌다. 그 명칭만 훑어보아도 내용뿐만 아니라 국제 사회의 인권 문제가 무엇인지 짐작할 수 있을 정도다. 모든 형태의 인종 차별 철폐에 관한 국제 협약, 아파르트헤이트 범죄의 진압 및 타인의 매춘 행위에 의한 착취 금지에 관한 협약, 집단 살인죄의 방지와 처벌에 관한 협약, 전쟁 범죄 및 인도에 반하는 죄에 대한 공소시효 부적용에 관한 협약, 고문 및 그 밖의 잔혹하고 비인도적인 또는 굴욕적인 대우나 처벌의 방지에 관한 협약, 여성에 대한 모든 형태의 차별 철폐에 관한 협약, 부녀자의 정치적 권리에 관한 협약, 아동의 권리에 관한 협약, 난민의 지위에 관한 협약, 무국적자의 지위에 관한 협약, 모든 이주 노동자와 그 가족의 권리 보호에 관한 협약, 인권 및 기본적 자유의 보호에 관한 유럽 협약, 미주 인권 협약, 인간과 인민의 권리에 관한 아프리카 헌장 등 헤아릴 수 없을 지경이다.

이렇게 인간의 기본적 권리는 각 국가 내의 헌법과 법률, 세계 헌법이라 할 수 있는 「세계 인권 선언」과 조약에 스며들어 있다. 그리고 그 제도의 울타리 밖에 남아 있는 무엇인가도 여전히 존재한다.

인권의 내용

생명권

생명의 권리부터 이야기를 시작하는 것이 무난할 듯하다. 생명이야말로 모든 인간에게 공통으로 주어진 것이고, 다른 모든 권리란 생명을 전제로 생겨난다. 게다가 생명의 가치에 경중輕重이 있다는 사실은 도저히 인정하기 어렵다. 생명을 하나의 권리로 파악한다면, 그야말로 인권의 전통적 개념에 맞아 떨어질 뿐만 아니라 이론의 여지조차 없이 명확해 보인다. 생명은 인간의 탄생과 함께 주어지는 것이고, 어떤 이유로도 함부로 침해당해선 안 된다. 여기에 이의를 제기할 수 있겠는가.

하지만 하나씩 따져보면 거의 절대적 기본권으로 여기는 생명권에조차도, 인권이 안고 있는 모든 문제가 다 얽혀 있다는 사실을 알게 된다. 독일이나 일본의 헌법에는 "누구든지 생명의 권리를 가진다."라는 명문 규정이 있다. 그러나 대부분의 헌법은 생명권을 직접 선언하지 않았다. 우리 헌법도 마찬가지다. 그렇지만 어느 누구도 생명권을 부인하지 않는다. 어떤 논리를 구사하건, 생명권은 당연한 헌법상 기본권으로 인정한다. 우리 헌법재판소도 "생명권은 헌법에 규정된 모든 기본권의 전제로 기능하는 기본권 중의 기본권"이라 단정한다.

생명권의 핵심은 누구도 타인의 생명을 해쳐서는 안 된다는 것이다. 그런데 진정한 생명권의 보호를 위해서는 좀 더 수준을 높일 필요가 있다. 적극적으로 생명이 침해당하지 않도록 노력해야 할 의무까지 포함하여, 전쟁이나 테러를 반대하고, 사고로 인명 피해가 발생하지 않도록 조심하며, 심지어 남의 자살을 돕거나 방치하는 행위까지 범죄로 묶는 것이 그것이다.

2001년 겨울, 한 사내가 핸드폰 절도 혐의로 구치소에 수감됐다. 그 사내는 처음부터 심한 기침을 해대고 가쁜 숨을 몰아쉬고 있었다. 같은 방에 갇혀 있던 다른 재소자들이 보다 못해 의무관에게 치료를 요구했다. 처음엔 거들떠보지도 않다가, 요구가 반복되자 엑스선 촬영을 했다. 만성폐쇄성 폐질환으로 추정한다는 소견만 남기고, 의무관은 다시 그 사내를 방치했다. 결국 두 달 뒤 사내는 쓰러졌고, 급히 병원으로 옮겼으나 사망하고 말았다. 국가인권위원회는 구치소가 범죄 혐의자로 구금하고 있는 사람을 제대로 치료하지 않고 방치하여 생명권을 침해하였다고 판단했다. 이것은 국가기관에 의한 인권 침해의 전형적 사례다.

일상적인 삶 속에서, 한 인간의 죽음을 맞이했을 때는 생명권이 꽤 진지하게 다루어진다. 하지만 다른 한편에서는 전혀 다른 양상으로 생명권이 무참히 짓밟힌다. 가장 쓰라린 경험은 인간 역사에서 끝없이 반복되고 있는 전쟁이다. 먼 과거의 기억을 되살릴 필요도 없이 미국이 행한 이라크 전쟁만 보아도 알 수 있다. 정치적 이유가 인간의 실존적 가치와 권리보다 우선한다고 자신 있게 말할 수 없는 한 어떠한 전쟁도 정당할 수 없다. 전쟁이 더욱 반생명적인 이유는 그것에 부수하는 집단 학살 때문이다. 나치스의 아우슈비츠나 캄보디아 폴 포트 정권의 킬링필드, 일본군의 난징 대학살은 극히 일부분에 불과하다. 세계지도를 펼치면 그 자체가 민족, 종교, 이념, 경제를 이유로 한 분쟁 지도임을 깨닫게 된다. 우리 국내로 범위를 좁혀도 사정은 다르지 않다. 과거사 진상 규명은 단순한 회고와 복수의 취향에서 비롯한 것이 아니다. 도처에서 벌어진 양민 학살을 제대로 파악하는 작업은 바로 인간 생명의 존귀함을 깨닫는 과정의 일부분이다.

경계해야 할 대상의 하나는 '보호할 가치가 없는 생명'이란 기준으로 제도나 정책을 결정하는 일이다. 인위적으로 생명을 단축하는 안락사의 금지나 태아의 생존 가능성을 사전에 차단

하는 낙태를 금지하는 것은 생명에 대한 절대적 신뢰 때문이다. 생명권에 대한 침해가 불가피한 경우라 하더라도 반드시 다른 생명을 보호하기 위한 때에만 허용하고, 그것도 최소한의 침해에 그치도록 해야 한다. 그러나 생명에 대한 인식이나 생명권의 존중 방식은 우리 가치관의 변화에 따라 달라질 수밖에 없다.

인간의 생명 가치에는 미묘한 부분들이 있다. 감히 나이, 능력, 신분에 따라 가치의 차이를 둘 수밖에 없다고 말할 사람은 없을 것이다. 그러나 현실이 반드시 그런 것만은 아니다. 세 사람의 생명 가치가 두 사람의 생명 가치보다 더 크다고 하기 어렵다. 산술로 계산되지 않는 것이 생명 가치다. 그럼에도 불구하고, 독일처럼 헌법으로 사형제도를 금하는 나라가 있는 반면 아직까지는 꽤 많은 국가가 법률로 사형제도를 고수하고 있다. 형벌이란 이름 아래 법률과 국가권력으로 범죄자의 목숨을 강제로 빼앗는 행위는 정치적으로 참을 수 있는가, 아니면 철학적으로 이해할 수 있는가.

1975년 대한민국 대법원에서는 공산주의 활동을 했다는 이유로, 조작 혐의가 짙은 인혁당 관련자 여덟 명에게 사형을 선고했다. 더욱 놀라운 일은, 그 다음 날 새벽에 그들을 모두 처형해 버렸다는 사실이다. 그럼에도 불구하고 헌법재판소는 여전히 사형제도가 합헌이라고 두둔하고 있다. 작가 김원일만이 이런 부끄러운 기억을 연작 장편 소설 『푸른 혼』으로 위로하고 있을 뿐이다.

태아의 생명을 보호하는 일은 당연하지만, 태아의 생명권이 절대적 가치의 대상은 아니다. 모자보건법에 규정한 요건을 충족하는 경우가 아니더라도, 여성의 행복추구권과 자기결정권을 존중하려면 낙태를 허용하여야 한다. 존엄성을 유지하는 인간다운 개인의 생활을 보장하기 위해서 여성의 임신 중지 결정권을 인정하는 것은 생명권에 대한 인식과 가치의 변화를 수용하는 바람직한 태도다.

안락사에 대한 완강한 태도는 오래 지속됐다. 마치 그것만이 인간 생명의 존엄성에 대한 예우인 듯했다. 하지만 현대 의학이 놀라운 정도로 생명의 길이를 늘려 놓자, 비로소 생명의 질이 담론의 대상으로 떠오르기 시작했다. 조나단 스위프트의 『걸리버 여행기』에 나오는 죽지 않는 인간들, 스트럴드블럭이 바로 우리의 문제란 사실을 깨닫기 시작했다. 어떻게 생명을 이어 가느냐보다 어떻게 인간다운 품위를 지키면서 죽느냐가 더 중요한 일이 되고 말았다. 네덜란드에서는 아예 안락사를 합법화했고, 프랑스에선 호스피스가 미래의 인기 업종으로 떠올랐다. 세상과 함께 생명권의 내용도 바뀌어간다.

인간의 존엄과 가치

헌법 제10조는 이렇다. "모든 국민은 인간으로서의 존엄과 가치를 가진다." 따지고 보면 인간의 존엄성은 근본 가치에 해당하는 궁극의 목적이다. 생명권이란 것도 인간의 존엄과 가치를 위한 첫 번째 조건에 불과한 것이다. 인권의 목적도 결국 인간의 존엄성을 유지하여 인간답게 사는 것이다. 사실 인간의 존엄과 가치는 국민의 권리가 아니라 인간의 권리다. 그러므로 이것은 헌법에 적혀 있지 않더라도 당연히 인권 목록의 앞자리를 차지할 권리다. 그래도 이런 심오한 표현을 헌법 조문에 써 넣기 시작한 것은 흐뭇한 관행이라 하겠다.

인간의 존엄과 가치는 여러 권리의 본질을 표현하는 이념이기도 하면서, 다른 한편으로는 그 자체가 독립한 하나의 권리로 기능한다. 말하자면 인간의 존엄과 가치는 인권 목록이나 헌법 기본권 목록에 나열된 모든 권리에 빠짐없이 스며 있다. 그러면서 그 개개의 권리의 총화가 포섭하지 못하는 권리 개념을 모두 포괄한다. 권리 장전에 열거되지 않았지만 결코 경시할 수 없는 권리가 있다면 모두 인간의 존엄과 가치로 구제해야 한다. 이를 권리로 개념화하면 인격권이라 부를 수 있다. 그 밖에 초상권, 명예권, 생명권, 일조권 등 다양한 형태로 변환되기도 한다. 인간의 존엄과 가치라는 인격권은 가장 무거운 이름이지만 가장 사소한 부분에서 진가를 발휘하는 것이다.

폭력 행위와 불법 집회 가담 혐의로 체포된 학생이 경찰서 유치장에 갇혀 욕설을 퍼붓고 소리를 질러댔다. 경찰관은 규칙에 따라 자해의 우려가 있다는 이유로 학생이 쓴 안경을 강제로 회수했다. 금속으로 된 안경테를 흉기나 다른 도구로 사용할 수 있다는 판단이었다. 하지만 시력이 0.1도 채 되지 않는 학생은 안경이 없으면 아무것도 제대로 볼 수 없었다. 다시 몇 번 더 소리를 지르다, 결국 국가인권위원회에 진정했다. 경찰관은 체포된 피의자의 볼 권리를 침해한 것이다. 안경을 도구 삼아 무엇인가를 볼 권리란 신체의 자유에도, 행복 추구권에도 그리고 인격권에도 해당하는 것이기 때문이다.

마찬가지로 구금 시설에 갇혀 있는 사람에게 적당한 운동이나 목욕을 허용하지 않는 조치도 인격권 침해에 해당된다. 교도소의 징벌방은 보통 방보다 더 작은데, 그 작은 감방에 두세 명의 재소자를 한꺼번에 감금한다. 그런데 작은 징벌방이니 방과 화장실이 제대로 구분되어 있을 리 없고, 방의 한쪽 귀퉁이에 변기가 놓여 있을 뿐이다. 이렇게 화장실 칸막이를 설치하지 않아 수용자로 하여금 기본적 품위를 지키지 못한 채 수치심과 굴욕감을 느끼게 하는 것도 당연히 인격권 침해 행위에 해당한다.

키르기스스탄에서 온 몬스비치, 방글라데시인 꼬미 그리고 나이지리아 출신의 포아는 모두 국내에서 근로자로 일하던 불법체류자였다. 결국 어느 날 모두 체포되어 외국인 보호소에 수용됐다. 그런데 보호소 경비와 소속 공무원이 비디오카메라로 그들의 행동을 촬영했다. 세 외국인은 무단 촬영에 격분하여 물을 뿌리고 휴지통을 집어 던졌다. 공무원들은 그 장면까지 찍었다. 결국 휴지통이 카메라를 이겼다. 수용인의 보호 업무를 효율적으로 수행하기 위해 촬영이 필요했다는 공무원들의 변명은 받아들여지지 않았다. 국가인권위원회는 수용자의 인격적 징표를 도용하고 명예를 훼손하는 방식으로 인격권을 침해했다고 인정하여, 수용소 공무원들에게 인권 교육 수강을 명령했다.

인간의 존엄과 가치가 이렇게 늘 구석진 곳에서 침해당하는 권리를 찾아 보살펴주는 데만 필요한 것은 아니다. 간혹 다른 이름의 권리들이 도저히 감당할 수 없이 무거운, 인생과 제도의 근원적인 문제와 맞닥뜨리기도 한다. 인간 배아 복제라는 새로운 시도가 좋은 예다. 인간의 권리를 위협하면서 새로운 경지를 무서운 속도로 파고드는 과학 기술에 대항할 유효한 수단은 인간의 존엄과 가치이다. 그 권리의 포괄성은 장점이자 약점이다. 과학 기술은 상상의 세계를 곧장 현실로 만들어 버리는데, 과거에 만들어진 인간의 존엄과 가치라는 기준 하나로 모든 것을 제재하려는 데는 한계가 있을 수밖에 없다. 완성된 과학 문명의 결과는 금지하기 이전에 이미 세계 존재의 일부가 되어 버린다. 규범적 구호를 기준으로 그것을 금지하고 규제한다고 될 일이 아니다. 그리고 지구의 안과 밖에는 인류 외에도 수많은 생물과 환경이 존재하고, 인간의 생명은 그 모든 환경과 연관되어 있다. 그러므로 인간의 존엄과 가치의 큰 그릇을 충실히 채울 수 있는, 설득력 있고 구체적인 기준과 근거를 개발하고 제시해야 할 것이다. 인간 존엄성은 결국 그것을 필요로 하는 인간이 스스로 완성해 나아가야 하기 때문이다.

행복추구권

인간의 존엄과 가치를 인간다운 삶을 누림으로써 유지할 수 있다면, 인간다운 삶은 행복을 추구하는 과정에서 실현할 수 있다. 인간은 제각각 나름대로의 기준에 따른 성취에 의해 행복을 느낀다. 인간의 존엄성이란 말에서 인간의 자만심만 제거한다면, 행복을 추구하는 과정이야말로 인간을 인간답게 만들어 인간으로서의 위엄과 체면을 지키게 한다. 그것이 인간 본연의 모습이다.

그런 이유로 1980년대에 들어서면서 우리 헌법은 행복추구권을 인간의 존엄과 가치에 덧붙여 규정했다. "모든 국민은 인간으로서의 존엄과 가치를 가지며, 행복을 추구할 권리를 가진다." 행복추구권과 인간의 존엄과 가치의 관계에 대해 의견이 분분하다. 하지만 기본권 학자가 아닌 사람들은 그 세세한 사정을 몰라도 무방하다. 나의 권리라고 생각되는 것이 다른 이름에 포함되지 않으면 그것이 인격권이나 행복추구권이라 믿으면 그만이기 때문이다. 인권으로서 행복추구권은 파랑새와 같은 철학적 목표가 아닌, 소극적으로는 고통과 불쾌감이 없는 상태를, 적극적으로는 만족감을 느낄 수 있는 상태를 추구할 권리를 말한다. 물론 철학적 인간에겐 행복추구권을 철학적 권리로 만들 권리도 있다.

2004년 1월부터 절도로 교도소에서 생활하게 된 박씨는 밤에 도무지 잠을 이룰 수 없었다. 낯선 곳에 여러 명의 재소자와 뒤섞여 있어 불면의 밤을 뒤척인 것은 아니었다. 오직 취침 시간 이후에도 밝게 비추는 불빛 때문이었다. 교도소는 수형 자들의 싸움, 자살, 탈출 기도 등의 행위를 적당한 거리에서도 잘 감시하기 위해 야간의 밝은 조도가 불가피하다고 강변했다. 하지만 최고 200럭스에 이르는 조명의 밝기는 박씨에게 심야의 태양이나 다름없었다. 국가인권위원회는 교도소가 박씨의 수면권을 침해했다고 판정했다. 그리고 법무부장관에게 당장 야간 수면권 보장을 위한 예산 확보 등 필요한 조치를 하고, 교도소에 대한 관리 감독을 철저히 하라고 권고했다. 수면권은 바로 행복추구권의 한 부분이기 때문이다.

휠체어를 타고 다니는 윤씨는 지하철 5호선 발산역 1번 출구 앞에서 장애인용 리프트를 이용했다. 그런데 계단을 오르던 중 타고 있던 전동스쿠터가 안전판을 넘으면서 아래로 추락하고 말았다. 부근 이대 목동 병원으로 급히 옮겼으나, 윤씨는 사망했다. 휠체어 리프트를 부실하게 운용하거나 관리 감독을 잘못해 이런 사고를 일으켰다면, 서울특별시와 도시철도 공사는 장애인의 이동권이라는 행복추구권을 침해한 것이다.

행복에 종류가 있다면 그 수는 사람보다 훨씬 많을 것이다. 사람마다 희망이 다르고, 한 사람이 여러 가지를 원하기 때문이다. 그래도 행복추구권의 매력은 자기 운명을 자기가 결정한다는 데 있다. 성적 자기 결정권도 마찬가지다. 청소년보호법 시행령은 동성애 표현 매체물을 청소년 유해 매체물로 지정했다. 하지만 동성애는 의학상 정신질환이 아니라, 정상적

성적 지향의 하나다. 동성애를 수간, 혼음, 근친상간 등과 같이 사회 통념으로 허용되지 않는 성관계로 취급하는 것은 잘못이다. 그러므로 그릇된 전제에서 마련한 청소년 유해 매체물 심의 기준은 청소년의 성적 지향에 의한 행복추구권을 침해한다.

행복은 어느새 우리를 찾아와 즐겁게 하기도 하지만, 평소엔 항상 어디엔가 숨어 있기 마련이다. 그래서 우리가 누렸거나 누리고 있는 행복보다 우리가 찾아내야 할 행복이 더 많을지 모른다. 끝없이 발견될 새로운 행복이 모두 권리가 될 것이므로, 다양한 행복추구권과 전체 질서를 어떻게 조화시킬 것인가가 미래의 과제일 것이다.

평등권

평등의 사상은 비로소 모든 사람들로 하여금 인간의 권리에 대한 희망을 가지게 한다. 인종이나 성별 또는 종교나 재산에 따라 차별당하지 않는다는 데서 해방감을 만끽했던 순간이 있을 것이다. 피부색과 언어 그리고 정치적 견해나 사회적 신분과 무관하게 무엇이든 할 수 있는 기회를 가진다는 사실에서는 생의 의욕도 느낄 것이다. 인권의 역사가 구조적이고 제도화된 계급을 타파하는 과정이었다면, 그것은 바로 평등권의 지평을 넓히는 일의 전투적 형식이나 다름없는 것이었다.

특권층의 평등권이 일반인에게 확장됨으로써 이념의 문제

는 해결됐다. 하지만 메뉴만으론 배를 불릴 수 없다. 오직 그것을 실현할 수 있느냐가 평등권의 진정한 과제다. 그런데 갈수록 세상의 변화가 문제를 더 복잡하게 만든다. 다양한 현대 사회 구조 속에서 산술적인 평등은 물리적으로 불가능하다. 그렇다고 평등하다는 선언만 허공에 남기고 방치할 순 없는 노릇이다. 실상 폭발적으로 증가한 인구와 현란하도록 다양한 제도 속에서 현대인이 살아가는 삶의 차별성은 과거보다 훨씬 다층적이다. 그래서 평등이란 이념의 체면을 위해서라도 인위적 조치를 강구해야 할 필요가 있다. 법 앞의 평등이란 고안도 그 결과물의 하나다. 물론 이때 법이란 실정법만 말하는 것이 아니라 자연법도 포함한다. 하지만 어차피 용인하지 않을 수 없는 것은 법으로 평등권을 제한하는 작업이다. 따라서 현재 우리가 누릴 수 있는 평등권의 수준을 결정하는 것은 법률이다. 그 법을 만드는 일이 평등권 정책의 한 측면인 것이다. 합리적 차별이니 자의의 금지니 하는 기호적 표현은 모두 우리 평등권의 범위를 정하는 도구들이다. 무엇이 합리적이고 또 자의적인가는 역사의 구비와 인생의 순간에 맡겨 찾을 수밖에 없다.

불합리한 차별은 주로 인간의 편견에서 비롯했다. 대표적인 예가 인종 차별이다. 그래서 미국의 인권 운동은 노예제도에 뿌리를 둔 인종 차별을 타파하는 데서 본격화했다. 1950년대에 일기 시작한 거센 바람을 흔히 민권(civil rights) 운동이라 부른다. 당시 미국의 흑인들은 집 밖으로 나서면 항상 백인 전용이란 안내판을 보며 살았다. 학교, 식당, 수영장 그리고 화장실까지 따로 이용했다. 백화점에서 옷을 고를 때도 흑인은 미리 입어 볼 수 없었다. 시내버스도 앞문에서 요금을 낸 뒤 다시 뒷문으로 가서 타야 했다. 어떤 때는 뒷문으로 달려가는 사이에 버스가 떠나 버리기도 했다. 흑인은 투표권이 없었고, 판사나 배심원이 될 수 없었다. 법정에서 증인으로 선서할 때 손을 얹는 성경책도 백인용과 달랐다.

　인류 역사에서 또 다른 편견의 희생양으로 살아 온 계층은 여성이다. 베르나르 올리비에의 도보 여행기 『나는 걷는다』의 한 구절은 매우 상징적이다. "몽골과 그리 멀지 않은 이곳의 유일한 거래 방법은 물물교환이다. 그런데 같은 값을 매긴 대상이 놀랄 만했다. 예를 들면 이런 식이었다. 소 한 마리는 양 다섯 마리, 말 한 마리는 소 두 마리, 여자 한 명은 말 다섯 마리, 총 한 자루는 여자 두 명과 같은 값이었다." 이런 여성에 대한 편견은 파미르 고원 지방에만 존재하는 것은 물론 아니다. 1876년 미국 미네소타 주 법원 판결문의 일부도 그에 못지않다. "변호사가 되기 위해서는 많은 시간과 노력이 필요하다. 그런데 여자들은 그 시간에 아이들을 키우고 교육시켜야 한다. 따라서 변호사란 직업은 여자들에게 적합하지 않다." 이런 사고방식은 20세기 초까지 이어져 여성은 법과대학에 쉽게 입학할 수 없었다. 독일의 괴팅겐 대학은 수학자 에미 뇌터가 여성이란 이유로 채용하지 않았다. 그러자 스승 다비드 힐베르트가 "교수 회의장이 (남성 전용) 목욕탕인가?"라며 분통을 터뜨렸다. 2005년 1월에는 미국 하버드 대학 총장 로런스 서머스가 "남녀의 수학과 과학 능력에는 선천적인 차이가 있다."고 했다가 사퇴 압력을 받았다.

2002년 한 수험생이 대구 가톨릭 대학교 의예과에 수능 영역별 우수자 특별 전형 입학시험에 응시했으나 불합격했다. 사유를 알아보니 동점자일 경우 연소자 순으로 합격 처리한다는 대학 규칙 때문이었다. 다른 대학에서는 전체 점수가 동점일 경우 수능 시험 성적, 생활기록부 성적, 면접 고사 성적, 학업 계획서 평가 점수 순으로 합격자를 정하고 있었다. 연소자는 장래성이 있고, 상대적으로 수학 기간이 짧아 우수성이 인정된다는 편견은 지금의 평등 관념에 맞지 않는다. 그래서 연소자에게 우선권을 부여한 그 대학의 입학 전형 규칙은 평등권에 반하는 것으로 판정됐다.

고씨는 자신의 승용차를 운전하다 사고를 냈다. 늑골 골절은 치료로 아물었지만, 얼굴에 흉터가 남고 말았다. 후유장해로 인한 자동차 보험금을 받기 위해 절차를 밟다가 새로운 사실을 알게 됐다. 같은 정도의 안면 흉터라도 남자와 여자의 장해 등급이 달랐다. 여자는 장해 7등급으로 1,200만 원을 받을 수 있지만, 남자인 고씨는 장해 12등급으로 300만 원밖에 받을 수 없었다. 고씨는 남녀 차별이라며 항의했다. 자동차 손해 배상 보장법은 분명히 그 경우에 차별적 요소를 인정하고 있었다. 하지만 외모의 흉터로 인해 받는 정신적 고통이나 제약이 남성보다 여성이 더 크다는 사회적 통념은 타당하지 않은 편견이다. 국가인권위원회는 건설교통부장관에게 관련 법령을 개정하라고 권고했다.

평등권의 영역에서도 새로운 것들은 무궁무진하다. 크레파스 색깔이 그 한 예가 된다. KS로 표기하는 한국산업규격은 크레파스와 수채 물감을 51종으로 정하여 색의 이름을 붙였는데, 그중 하나가 살색이었다. 그러나 그 살색은 황인종에 대해서만 사실과 부합하므로 피부색에 따른 차별을 조장할 우려가 있었다. 국내에 체류 중이던 가나, 스리랑카, 미국, 독일 출신의 노동자들이 살색이란 색명은 평등권을 침해한다며 고쳐달라고 진정했다. 국가인권위원회의 권고에 따라 이제 살색이란 이름은 공식적으로 사라졌다. 대신 사용하기로 한 이름은 연주황색이었는데, 2005년 5월 살구색으로 확정했다.

편견은 시간의 흐름에 따라 점점 완화되어 간다. 지난날 완고했던 편견이 오늘날 어느 정도 교정되었는가 하는 것이 평등권 실현 수준의 지표가 될 수 있다. 그러나 또 다른 요인 하나가 문제다. 경쟁도 현실의 차별을 낳는다. 그런데 자유로운 무한 경쟁은 시간이 갈수록 완화되는 것이 아니라 심화된다. 평등권의 앞날에 놓여 있는 질곡이다.

신체의 자유

"쇠사슬에 묶여 바르게 걷는 것보다 자유스런 상태에서 비틀거리는 편이 더 낫다." 올더스 헉슬리의 이 한마디는 신체의 자유가 무엇인지 말해 준다. 만약 신체의 자유가 없다고 생각해 보자. 타인의 힘이 강제로 신체의 일부를 훼손한다든지 마음대로 활동할 수 없게 한다는 상상만으로도 신체의 자유의 중요성을 깨달을 수 있다. 신체의 자유가 전혀 없는 상태에서 목숨만 붙어 있는 경우를 견딜 수 있겠는가. 생명권이 아무리 중요하다 해도 신체의 자유가 뒤따라 주지 않으면 의미 없는 것이 되고 만다. 마찬가지로 신체의 자유가 보장되지 않으면 그 밖의 다른 모든 자유와 권리를 제대로 누릴 수 없다.

인권의 역사에서 인권 개념이 많은 사람들의 지지를 얻을 수 있었던 근본적 이유는 사유재산권과 신체의 자유 때문이다. 생명을 빼앗지 않고 사람을 꼼짝 못하게 하는 방법은 신체의 자유를 박탈하는 것뿐이다. 절대왕권과 국가권력이 전가의 보도처럼 사용할 수 있었던 수단이 체포와 감금이었다. 그래서 신체권의 확보의 역사는 바로 인권의 역사다.

국가권력이 개인을 체포하거나 구속하려면 반드시 법률로 정한 엄격한 절차에 따라야 한다. 이것은 영국의 「마그나 카르타」와 「인신보호법」 등의 권리 장전들에서 전통적으로 확립된 내용이다. 그리고 지금까지 영장주의와 보석제도란 형식의 큰 줄기에는 변함이 없다. 운용 방식과 형사법적 가치관에 따라 구체적 신체권의 수준이 결정된다고 보는 것이 옳겠다.

무엇이 범죄고 어떤 형벌을 부과할 것인지 미리 정해 두는 죄형법정주의는 '실체'에 관한 것이다. 거기에 반해 사람을 체포 또는 구속하거나 수사할 때의 까다로운 방식을 정하는 영장 제도 등은 '절차'에 관한 것이다. 절차를 중요시하는 이 제도들이 신체의 자유에 혁신을 가져온 것이다. 엄격한 절차주의는 우선 실체를 불문한다. 즉, 사소한 절차를 하나라도 무시하면 진정한 범죄자의 경우도 처벌할 수 없다는 것이다. 그 이유는 오직 권력의 속성인 남용의 유혹을 사전에 봉쇄하기 위해서다. 그러나 한 사람의 무고한 자를 처벌하는 것보다 열 사람의 범죄자를 놓치는 편이 낫다고 믿기는 쉽지 않다. 절차에 하자가 있지만 명백한 범죄의 증거가 있는데 석방하는 것이 정의의 관념에 맞는가. 그 의문에 찬동하여 처벌을 허용하면 다음엔 어떤 현상이 벌어지겠는가. 체포하고 수사할 때 조금만 피의자를 괴롭히면 확실한 증거나 튀어나올 것 같다고 믿게 된다. 그것이 고문의 역사다.

미란다원칙도 그런 절차 규정의 하나다. 수사관이 혐의자를 체포할 때 몇 마디 일러줘야 한다는 원칙을 모두가 미국을 따라 그렇게 부른다. 애리조나 주 피닉스에 사는 전과자 소년 미란다는 한밤중에 소녀를 납치하여 강간했다. 곧 체포되어 몇 가지 죄목으로 최고 30년의 징역형을 선고 받았다. 미란다에게 권리 의식이 있을 리는 없었다. 무조건 감옥을 벗어나고 싶은 욕망만 있었을 뿐이다. 그 원초적 욕망이 우연히도 세련된 이론과 감각으로 무장한 법률가들을 만나 성취됐다. 연방대법원 판사들이 위법하게 얻은 자백은 무효라고 선언해 버린 것이다. 1966년의 그 선고는 미국을 들끓게 했다. 하지만 미란다는 다시 다른 증거로 유죄 판결을 받고 말았다. 몇 년 후 석

방된 미란다는 법원 앞에서 미란다 경고문을 넣은 카드를 팔며 생계를 유지했다. 그리고 술집 싸움판에서 칼에 찔려 사망했다. 그 이름은 위대하지만, 생애는 추악했다.

1990년대 후반, 인권운동단체와 몇몇 대학 학생회가 연대하여 불법 불심검문 거부운동을 펼친 적이 있다. 우리 경찰은 마음만 먹으면 길을 걷는 선량한 사람을 언제든지 정지시켜 신분을 확인할 권한이 있다고 믿어 왔던 것 같다. 그러나 경찰관에게 권한을 부여한 법률의 내용은 그들이 관행적으로 알고 있던 것과 다르다. 따지고 들면 거의 모든 불심검문이 불법이었다. 거부운동의 결과 지금은 예전과 달라, 지하도 입구에서 전경이 여성의 주민등록증을 읽고 있거나 남학생의 가방 속을 보려고 다투는 광경을 찾아보기 힘들어졌다.

하지만 현상만 줄어들었을 뿐이지 근본 문제는 그대로다. 경찰관 직무 집행법 외에도 '필요에 따른 검문 규정'이 아무 법에나 방치되어 있기 때문이다. 도로교통법, 주민등록법 그리고 전투경찰대 설치법의 검문이 제각각이다. 경찰은 "이러다간 수사를 못하겠다."고 아우성이고, 시민은 "민주 사회의 자유가 이것이냐."고 눈을 부라린다. 그 사이에서 형사법 학자들은 형사소송법의 원칙들만 움켜쥐고 근엄해할 뿐, 음주 단속을 어떻게 해야 옳은지 말이 없다. 큰 논란거리가 없어 보이는 신체권 영역에도 아직 이런 어수룩한 구석은 꽤 남아 있다.

양심과 종교의 자유

개인이 자신의 내면에 간직하고 있는 생각에 대해 타인의 간섭을 받아야 한다면 견디기 어려울 것이다. 더군다나 가슴 속 깊은 곳에 자리 잡은 신념을 국가권력이 덤벼들어 강제로 바꾸려 한다면, 그것에 저항하거나 아니면 인간임을 일부 포기할 수밖에 없을 것이다. 윤리학이나 헌법학에서 말하는 양심은 단순한 개인의 생각과는 달리, '옳고 그름을 판단함에 자신의 인격적 존재 가치를 걸고 행하는 강력하고도 진지한 마음의 호소'라고 한다. 그래서 우리 헌법재판소는 '음주 측정에 응할 것인가?'와 같은 고민은 선과 악의 범주에 관한 진지한 윤리적 결정이 아니라고 한다.

헌법의 기본권 목록에서 양심의 자유는 당연히 빠뜨릴 수 없는 요소다. 하지만 각 헌법마다 그것을 규정하는 형식은 다르다. 종교의 자유나 사상의 자유를 양심의 자유와 함께 규정하기도 한다. 양심의 정의가 무엇이며 양심의 자유 범위가 어디까지인가에 대해 의견이 분분한 것도 그런 이유 때문이다. 그러나 헌법의 형식이 어떠하든, 넓은 의미의 양심, 즉 내면에 간직하는 생각의 자유는 인권으로 보장된다.

우리는 정부 수립 직후부터 유지하고 있는 국가보안법 체제 때문에 양심과 사상의 자유를 위한 투쟁을 비교적 선명하게 경험해왔다. 역대 정권은 사회주의나 공산주의 사상이 구체적 위험으로 드러나지 않아도 예방적 차원에서 엄격히 차단

해야 한다는 강박관념에 시달렸다. 사상전향제도는 그 양상을 극단적으로 보여주었다. 국가권력이 개인의 신념을 개조하려는 무모함은 "사람의 마음은 쇠사슬로 묶을 수 없다"는 서승이 『옥중 19년』에 잘 기록하고 있다. 같은 경험을 한 서준식은 스스로를 위한 변론 『나의 주장』에서 재판관들을 향해 "당신들은 나를 심판할 자격이 없다."고 외쳤다. 사상전향제도가 사실상 폐기된 이후에는 준법서약제도가 뒤를 이었다. 인간의 양심과 사상과 신념이 국가권력이나 제도와 부딪히고 난 뒤 어떤 모습으로 남는가. 김동원 감독의 뛰어난 다큐멘터리 영화 「송환」은 그 진수를 보여준다.

양심의 자유는 정치권력 관계 밖의 일상에서도 자주 문제로 떠오른다. 다른 사람의 명예를 훼손한 사람이 피해자에게 손해배상 책임을 지는 것은 당연하지만, 과연 사죄 광고까지 해야 하는가. 헌법재판소는 사죄를 강요하는 것은 양심의 자유를 제약하는 위헌 행위라고 결정했다. 이렇게 양심이나 양심에 반하는 의사를 드러내지 않을 권리를 침묵의 자유라고도 한다. 형사 절차에서 자기에게 불리한 사실을 말하지 않을 수 있는 진술 거부권도 그것의 하나다. 그러나 양심적 병역 거부는 아직 현실의 법정에서 제대로 인정하지 않고 있다.

여호와의 증인 신도 한 사람이 입대하여 집총을 거부, 항명죄로 교도소에 수감됐다. 교도소 내에서는 매주 한 번씩 종교 집회가 열렸는데 천주교, 불교, 개신교에만 허용됐다. 여호와의 증인을 위한 집회도 요구하였으나 묵살당했다. 2000년 당시 법무부 통계에 의하면 전국 재소자 중 3대 종교 신자는 모두 82%였고, 무종교가 14%였으며, 기타 종교는 4%에 불과했다. 그러므로 4%의 일부인 소수 종교를 위해 집회를 허용할 정도로 시설을 마련할 수가 없다는 것이 교도소의 주장이었다. 뿐만 아니라 여호와의 증인은 종교 집회를 통해 범죄 행위인 집총 거부를 정당화하려 할 것이므로 교도 행정 목적에도 맞지 않는다는 것이었다. 그러나 신앙을 외적으로 표현하는 집회는 종교의 자유의 핵심이다. 살인이나 폭력 또는 시설 파괴 같은 명백한 위험을 초래하지 않고 구금 시설 내의 질서를 해치지 않는 한 소수 종교의 집회도 보장해야 한다는 것이 국가인권위원회의 의견이었다.

가톨릭 국가라 할 수 있는 프랑스에는 라이시테laïcité라는 정신이 자리 잡고 있다. 이는 비종교성을 의미하는데, 국가권력은 종교에 관여하지 않을 뿐만 아니라, 사회적으로 특정 종교를 드러내지 않는 것을 전통으로 한다는 원리다. 그런데 1989년 파리 교외 어느 중학교에 재학 중이던 이슬람 여학생 세 명이 차도르를 쓰고 등교하기를 고집하자, 학교는 세 명 모두 퇴학시켜 버렸다. 특정 종교를 드러내는 행위는 라이시테 정신에 어긋난다는 이유 때문이었다. 그러자 전 프랑스가 찬반양론으로 들끓었다. 종교의 자유와 소수 민족의 인권 문제를 제기하여 라이시테에 반대하는 의견이 있는가 하면, 여성 해방의 관점에서 라이시테 원칙을 강력하게 지지하는 주장이 맞섰다. 프랑스 국회는 2004년 과시적인 종교적 표지를 드러내는 복장을 공교육 기관 내에서 금지하는 법을 통과시켰다.

학문과 예술의 자유

진리 탐구와 미의 추구는 분명 독자적인 목적과 기능이 있
다. 정신과 문화생활 영역에서는 개성 신장의 수단이 되고, 사
회와 세계 구성원에게 지적 양식과 미적 감각의 지평을 넓혀
주어 문화적 공동생활을 가능하게 한다. 때문에 학문과 예술
의 자유는 양심이나 사상의 자유와 함께 인간이 누려야 할 기
본적 권리의 하나가 된다.

학문과 예술의 자유는 연구·창작의 자유, 그 결과를 발표할
자유, 학문과 예술 활동을 위한 집회 결사의 자유를 포함한다.
언론·출판의 자유, 표현의 자유도 함께 보장받는다. 교수의
자유와 대학의 자유는 특성상 학문의 자유로 인정된다. 학문
과 예술 활동의 결과물은 지적재산권으로 보호받기도 한다.
그러나 다른 권리와 마찬가지로 법률에 의해 제한될 수 있다.
학문 연구의 자유와 그 발표의 자유 사이에는 분명히 차이가
있다는 것이다. 예술 작품이 타인의 명예를 훼손하거나 외설
시비에 휘말려 곤욕을 치르는 경우는 흔히 있는 일이다.

1994년 7월, 경찰은 진주 경상대학교 앞의 서점 주인을 체
포했다. 아울러 서점에 있던 『한국 사회의 이해』 13권을 포함
한 90여 권의 서적을 압수했다. 공안 당국은 『한국 사회의 이
해』란 책에 국가보안법에 위반되는 이적성 내용이 있다고 확

신했다. 『한국 사회의 이해』는 1989년부터 경상대학교에서 교양 강좌의 교재로 사용되던 책이었다. 사회학, 경제학, 역사학 그리고 법학 등 여러 분야에 걸쳐 열 명의 교수가 공동으로 집필하였다. 경찰은 정진상, 장상환 두 교수의 체포를 시도했으나 실패했다. 창원지방검찰청 검사는 두 교수에 대해 구속영장을 청구했다. 그러나 그마저도 기각됐다. 강의 과목이나 교재의 선택 그리고 그 내용에 관한 것은 국가 공권력이 개입하기보다는 대학의 자율적 조절 기능에 맡겨야 한다는 것이 법원의 견해였다. 검찰은 물러서지 않고 국가보안법 위반 혐의로 기소했다. 1심 재판에만 무려 6년 가까운 세월이 소요됐다. 2000년 7월 창원지방법원은 무죄를 선고했다. 그리고 2005년 3월에야 대법원에서 최종적으로 무죄를 확인했다.

영화감독 임상수는 박정희 전 대통령이 피살된 10·26사건을 소재로 「그때 그 사람들」이란 영화를 만들어 2005년 2월 초에 개봉할 예정이었다. 그런데 유족의 한 사람이 영화 상영을 금지하라는 가처분 신청을 했다. 그 영화가 박정희의 성적 사생활과 10·26사건 당시 그의 행적을 허위로 기술하거나 악의적으로 왜곡하여, 망인과 유족의 인격권 또는 명예와 추모 감정을 침해했다는 이유였다.

재판 진행 중에 시사회가 열렸다. 서울중앙지방법원 담당 재판부는 서둘러 선고를 내렸는데, 결과는 절충적이었다. 영화의 시작 부분과 종결 부분에 짧게 삽입한 다큐멘터리 필름만 삭제하라는 것이었다. 극영화 부분의 몇몇 표현은 악의성이 있어 그 자체로 망인이나 유족의 인격권을 침해할 소지가 있지만, 객관적으로 망인에 대한 사회적 평가 저하의 우려가 없다면 과장되고 부적절한 표현이나 신랄하고 가혹한 비유는 가처분으로까지 금지할 정도는 아니라고 했다. 하지만 시위 장면과 망인의 장례식 장면 등 자료 화면을 다큐멘터리 형식으로 삽입한 것은, 관객들에게 마치 극화 부분까지 실제 상황을 재현하고 있다는 인상을 심어줄 여지가 있어 유족이나 망인의 명예 등 인격권을 침해한다고 했다. 하지만「그때 그 사람들」에 대한 가처분 결정은 관객들의 오인 가능성을 너무 쉽게 판단했으며, 오히려 감독의 영화 제작 기법에 권력이 간섭했다는 비판을 면하기 어렵다.

영화나 소설을 둘러싼 법적 분쟁은 예나 지금이나 여전하다. 학자나 예술가의 활동이 다른 개인의 인격권을 침해하는 것을 허용해서는 안 된다. 오직 문제는 그 기준이다. 지난 날 미국의『뉴요커』란 잡지에 실린 풍자만화의 한 장면처럼, '판사를 발기하게 하는 것이 외설'이란 식의 자의적 판단은 문화 활동과 수준을 위축시킬 수밖에 없다.

사생활의 비밀과 자유

비밀은 무기이자 벗이다. 인간은 비밀을 유지할 수 있어야 비로소 존엄성도 지킬 수 있고 행복도 추구할 수 있다. 비밀을 가질 수 있다는 것은 자신에 관한 정보의 결정권을 본인이 갖는다는 의미다. 자신의 정보를 알리고 싶을 때는 알리고, 그렇지 않을 땐 결코 알리지 않을 권리를 말한다. 개인의 사생활 영역을 보호하는 것은 공동체의 유지와 발전을 위한 초석이기 때문에 이 권리는 절대적으로 필요하다. 자기만의 방을 갖지 못하는 개인은 개성적 가치를 지닌 존재가 될 수 없기 때문이다.

보통 주거의 자유, 사생활의 자유, 통신의 자유 등으로 표현하는 권리는 개인의 영역을 구축하기 위한 것이다. 주거의 자유는 개인의 기본 생활공간이 함부로 침범당하지 않을 것을 내용으로 한다. 주거 침입을 범죄로 다스리고, 주택이나 건물을 수색할 때 영장을 제시하도록 하는 것도 주거권 보호의 한 형식이다. 사무실이나 여관방도 마찬가지다. 주거의 자유는 사생활의 자유를 위한 하나의 조건이기도 하다. 사생활의 비밀과 자유를 보통 프라이버시권이라고 하는데, 이는 미국의 판사 토머스 쿨리가 '혼자 있을 권리(right to be alone)'라고 부른 데서 연유한다. 1890년 미국의 사무엘 워렌과 루이스 브랜다이스의 공동 논문 「프라이버시의 권리*The Right to Privacy*」가 발표되면서 체계화됐다. 근년에 들어서서는 정보 통신 수단의 발달에 따른 통신의 비밀과 프라이버시 보호가 사회적 과제로 떠올랐다.

2001년 감사원은 정신질환으로 치료 받은 적이 있는 2만 5,510명을 운전면허 수시 적성검사의 대상자로 지정하라고 경찰청에 권고했다. 정신질환으로 교통사고를 야기할 수 있다는 이유에서였다. 경찰청은 그 자료를 국민건강보험공단에 요청했고, 공단이 제공한 자료를 근거로 그중 3,000명에 대해 적성 검사를 실시했다. 그러나 감사원과 경찰청의 판단은 정신과 환자에 대한 편견에서 비롯된 것이었다. 국가인권위원회는 개인의 병력에 관한 정보를 경찰청에 제공한 공단의 행위를 개인 정보 침해로 규정했다.

교도소에 수감된 재소자의 편지는 법률에 의해 내용 검열을 거친다. 서신 검열은 그렇다 하더라도, 재소자 김씨는 검열을 거쳤다는 표시로 편지지마다 검열 도장을 날인하여 발송하는 것이 못마땅했다. 교도소에서 보내는 편지라는 것이 금방 드러나기 때문이다. 김씨는 꼭 필요한 곳에 편지를 보내면서 자신이 감옥에 갇혀 있다는 사실을 알리기 싫어 국가인권위원회에 진정했다. 그 자존심에 대한 공적 판단은 이렇다. 사생활을 공개당하지 않을 권리는 본인이 비밀로 간직하고 싶은 난처한 개인적인 일을 공개당하지 않을 권리를 포함한다.

부산 철도차량정비창 노조 근로자 부인들은 노조 활동 때문에 무연고지로 전출된 남편들을 대신해 항의 시위를 벌였다. 위협을 느낀 정비창 측은 법원에 호소하여 시위 부인들의 사무실 출입 금지 및 업무 방해 금지 가처분 결정을 받아냈다. 그 사실을 알리기 위해 법원 집행관은 정비창 정문과 후문에 결정 내용을 공시하면서 출입이 제한된 부인들의 성명, 주민등록번호, 주소를 기재했다. 그러자 부인들은 개인의 정보가 유출되어 피해를 입었다고 주장했다. 국가인권위원회는 가처분 집행 방법은 법률과 규칙으로 정해져 있고 대상자를 특정할 필요도 있어, 개인 신상의 일부를 제시하는 자체를 인권 침해라고 보기 어렵다고 판단했다. 그러나 침해의 여지는 있으므로 목적 달성이 가능한 범위 내에서 인적 사항 중 일부만 표시하여 인격권과 사생활의 권리를 두텁게 보호할 필요가 있다고 권고 의견을 덧붙였다.

자신의 정보를 통제하려는 의식의 이면에는 다른 정보를 알고 싶어 하는 '알 권리'의 욕망이 있다. 그러나 알 권리는 공공기관이 보유하고 있는 정보에 대해서만 법적으로 보장된다. 개인의 사생활에 관한 알 권리는 허용하지 않는다. 2005년 초 한 광고 회사가 연예인들의 사생활에 관한 정보를 수집했다가 그 내용이 공개된 'X파일 사건'은 개인에 의한 개인 정보의 침해다. 기본적 권리가 개인에 의해 침해되는 경우도 당연히 구제를 받는다. 하지만 근본적인 문제는 국가권력에 의한 침해다. 국가 기관이 필요에 대비하여 개인 정보를 수집하는 행위 자체는 아직 인권 침해의 문턱을 넘어서지 않았다는 것이 독일의 문턱 이론(Schwellentheorie)이다.

혼자 있을 권리나 사생활의 비밀은 애당초 가진 자들의 필요에서 나온 권리 개념이다. 가지지 못한 자들이나 소외된 자들에게도 같은 가치를 지닌 프라이버시는 있다. 하지만 빈곤으로 인하여 최소한의 개인적 공간조차 제대로 가질 수 없는 계층에 대한 대책은 시급한 과제다.

거주와 이전의 자유

주거의 평온함과 내밀성 보호를 위한 것이 주거의 권리라면, 거주의 권리란 '주거 장소를 어디에 정하느냐'의 문제다. 누구나 자기가 원하는 장소, 그것도 한 곳이 아니라 동시에 여러 곳을 거주지로 정할 수 있다. 그리고 한 번 정한 주거를 언제든 옮길 수 있는 이전의 자유도 보장된다. 거주와 이전의 자유는 사생활의 권리 영역에 속하는 성격도 있지만, 직업 선택의 자유와 함께 사회·경제 활동을 위한 권리로도 이해한다. 그리고 거주와 이전의 자유에는 출국과 입국의 자유, 국적의 자유가 포함된다. 하지만 외국인에게는 제한적으로 허용하는 것이 보통이다.

뇌성마비 1급 장애인인 최씨는 청와대 입구에서 가까운 파출소 초소 건너편 주차장에 자리 잡은 뒤 "청와대도 장애인을 위한 편의시설 조사에 응하라."고 쓴 피켓을 들고 1인 시위를 했다. 그리고 초소 앞을 지나 부근의 지하철 경복궁역으로 가려다 경찰의 제지로 목적을 이루지 못했다. 경찰은 피켓을 든 채 굳이 초소 앞을 통과하여 지나가려는 것은 사실상 시위를 목적으로 한 것이기에 허용하지 않으려 했던 것이다. 경찰은 친절하게 차량을 제공하기도 했으나 최씨는 거부했다. 국가인권위원회는 경찰이 최씨의 자유로운 통행권을 방해했다고 판단했다.

댄스 가수로 젊은이들 사이에 큰 인기를 누렸던 유승준이 병역기피를 목적으로 국적을 포기했다는 이유로 입국이 거부 됐다. 유승준은 공항에서 대기하다 결국 미국으로 되돌아가야 했다. 이 사건이 발생하자 법무부의 조치에 대해 찬반양론이 일었다. 유승준의 팬 두 명이 국가인권위원회에 진정을 했다. 누구에게나 국적 변경의 자유가 있는데 적법하게 미국 국적을 취득한 유승준의 입국을 거부한 것은 입국의 자유를 침해한 것이라고 주장했다.

국가인권위원회에서 확인한 사실은 이렇다. 그는 1989년 가족과 함께 미국으로 이주했다가, 1996년 수학 목적으로 귀 국하여 연예 활동을 했다. 그러던 중 2001년 11월 공익 근무 요원으로 소집되자 즉시 가사家事 사유로 3개월 소집 연기를 신청했다. 2002년 1월 공연 목적으로 병무청장으로부터 해외 여행 허가를 얻어 미국으로 가서는 즉시 미국 시민권을 얻고 한국 국적 상실 신고를 했다. 그리고 바로 그 다음날 공연 및 음반 출판 목적으로 한국 입국 비자 신청을 한 것이다.

국가인권위원회는 출입국의 자유나 국적 변경의 자유가 외 국인에게도 내국인과 똑같이 인정된다고 볼 수는 없다는 원칙 을 확인했다. 대한민국의 공공 이익이나 안전을 해할 우려, 사 회 질서나 선량한 풍속을 해할 우려가 있으면 입국을 거부할 수 있는데, 국가인권위원회는 유승준이 미국 시민권을 획득한 것은 영주 의사가 있었기 때문이 아니고 일단 병역을 회피한 뒤 다시 국내에서 연예 활동을 할 의도였다고 판단했다.

표현의 자유

표현의 자유는 공동체의 구성원으로서 가지는 권리다. 특히 민주주의의 필수불가결한 기본권이라 할 수 있다. 어떤 형태로든 원하는 경우 개인의 의사를 표현할 수 있어야 하기 때문이다. 의사 표현은 개인적 개성 신장의 수단으로, 궁극적으로는 인간의 존엄성을 실현하는 데 기여한다. 그리고 그런 개별적 의사가 모여 여론을 형성하고, 그 공론 경쟁력의 정도에 따라 제도화하거나 제도에 영향을 미친다. 이는 의사 표현의 공적 기능이다.

표현의 자유 중 대표적인 것은 언론과 출판의 자유다. 그러나 이 권리를 보통 사람들이 이용하는 데는 현실적인 제약이 많다. 특히 언론은 그 전파력과 영향력은 매우 크지만, 제도화된 언론을 이용할 기회는 아주 제한적이다. 더군다나 소수 세력의 소수 의견은 무시되기 더욱 쉽다. 그래서 필요한 것이 집회와 결사의 자유다. 언론·출판의 자유와 집회·결사의 자유는 모두 표현의 자유의 한 형태로서 현대 민주국가 내에서 정치·사회 질서의 중추 신경 역할을 한다는 공통점이 있다.

언론과 출판의 자유에서 핵심은 국가권력에 의한 탄압이 없어야 한다는 것이다. 사전 검열이나 강제 보도 통제가 탄압의 대표적 수단이다. 과거 전두환 정부 시절 매일 언론사에 내려 보낸 보도 지침 사건이 한 예다. 반면 집회·결사의 자유는 언론·출판의 자유를 집단적 성격으로 표현한 것이라 할 수 있다. 제도 언론을 마음대로 이용할 수 없는 현실에서, 집회·결사의 자유는 자유로운 의사 표현 방식의 전제가 된다. 그러므로 집회와 결사의 자유는 다수결 원리를 지향하는 현대 대의 민주주의 제도를 보완하는 기능도 한다. 집회와 결사의 보장을 통해 시민들이 참여 민주주의를 실현할 수도 있다.

2002년 8월 강씨는 미국 대사관 앞에서 1인 시위를 시작했다. 그가 든 피켓에는 "덕수궁 터 미국 대사관·아파트 신축 반대"라고 쓰여 있었다. 그러자 잠시 후 전투경찰대가 나타나 시위자를 방패로 밀어붙여 약 15미터 가량 떨어진 구석으로 내몰아버렸다. 시위자가 대사관 정문 앞으로 다시 가려 하자 전투경찰 10여 명이 다시 가로 막았다. 전투경찰대는 외교 공관 보호를 위한 비엔나 협약에 의한 조치였다고 주장했다. 그러나 당시 강씨의 1인 시위는 평화적으로 서 있기만 하는 것이어서 일반인의 통행이나 대사관 업무에 아무런 지장을 주지 않았다. 그러므로 강씨는 1인 시위 행위자로서 자율적으로 결정한 시위의 시간과 장소 그리고 방법 등을 공권력에 의해 훼손당한 경우에 해당한다. 국가인권위원회는 전투경찰대가 강씨의 표현의 자유를 침해했다고 판정했다.

민주노총 전국건설운송노동조합의 노조원인 김씨는 2001년 4월 정오 무렵 서울 광화문 누각 앞에서 1인 시위를 했다. 목적은 연합회장이 합법 노조를 인정하지 않는 데 대한 항의였다. 김씨는 머리에서 발끝까지 하얀 붕대를 감아 미라처럼 분장하였으며, 해골을 그린 마스크와 짙은 선글라스를 착용했다. 경찰은 김씨의 행위가 집회 및 시위에 관한 법률에 위반되지는 않지만, 복장이 지나다니는 행인들에게 불안감과 불쾌감을 줄 수 있다고 하여 경범죄처벌법 위반으로 즉결심판에 넘겼다. 이 사건은 대법원까지 갔는데, 결국 유죄가 인정되어 3만 원의 벌금형이 확정되었다.

경범죄처벌법과 같은 행정 질서 규제 규정을 특히 헌법이 보장하는 자유권과 관련하여 해석하고 적용할 때는 제한적으로 해야 함에도, 법원이 단순히 타인에게 혐오감을 줄 우려가 있다는 정도의 자의적 판단으로 개인의 표현의 자유를 침해했다고 볼 수 있는 사례다. 우리 공권력은 헌법으로 보장된 기본권을 곧잘 행정 질서 유지가 목적인 경찰법 차원의 권리로 끌어내리곤 한다.

표현의 자유와 관련하여 제도적으로 가장 논란이 심한 것은 집회와 시위를 규제하고 있는 집회 및 시위에 관한 법률이다. 이 법은 형식상 신고제로 하고 있지만, 실제로는 경찰이 사전 허가제처럼 운용하고 있어 집회와 결사의 자유를 제대로 보장하지 못하는 경우가 많다. 그럼에도 불구하고 경찰은 1인 시위까지 제한하는 형식으로 규제를 강화하기 위해 입법을 기회가 있을 때마다 시도하고 있다.

재산권

개인의 욕망은 중세 이전에는 억제의 대상이었다. 그러나 근대 이후 시민 사회는 헤겔의 표현대로 그 자체가 욕망의 체계다. 이념이든 제도든 모두 욕망의 충족 또는 조절을 위해 존재하는 것이다. 그 욕망의 중심에 재산권이 있다. 재산을 하나의 권리로 파악하면서 사유재산제도가 탄생했다. 권리는 공권력에 의해 보장받아야 하기 때문이다. 재산권을 인정하는 사유재산제도는 인간의 이기적 동기를 끌어내는 데 탁월한 효용이 있다. 그래서 이론상 우세한 사회주의를 현실에서 이길 수 있는 모양이다.

재산권의 첫 번째 문제는 누가 무엇을 가지느냐. 그 다음의 문제는 그 소유를 어떻게 정당화하느냐. 소유에 정당성이 필요한 근거는 다음과 같다. 재화를 권리화하면 한 사람의 소유는 타인의 사용이나 수익을 배제한다. 내가 많이 소유하면 그만큼 다른 사람은 소유를 상실한다. 따라서 소유란 단순한 사실 관계가 아니라, 사람과 사람 사이의 관계로 기능한다. 그러므로 소유자 아닌 사람을 배척하는 소유를 정당화할 수 있어야 한다.

로크나 루소는 재산권의 정당성을 자연권에서 찾았다. 그들은 재산권을 인간의 생존을 위한 자연적 권리라고 했다. 재산제도를 공동체의 번영을 가능하게 하는 예측 가능성의 토대라고 한 것은 벤담이다. 어쨌든 재산권 사상은 근대 국가 형성에 기여한 자유주의나 입헌 국가 발전과 함께 대의 민주주의 사상의 핵심을 차지했다. 프랑스의 「인간과 시민의 권리 선언」 제17조는 "신성불가침의 권리인 소유권은, 합법적으로 확인된 공공의 필요성에 따라 정당한 사전 보상을 조건으로 명백한 요구가 있을 때가 아니면, 어느 누구도 박탈할 수 없다."고 되어 있다. 일본의 오자키 유키오가 도쿄대학에서 일본 제국헌법 정신을 강연하면서 "우리의 사유 재산은 천황 폐하라 할지라도 손가락 하나 대실 수 없다."라고 한 것은 이런 점에서 상징적이다.

로크는 무제한의 재산권을 주창했지만, 재산권은 그 속성 때문에 제한이 불가피하기도 하다. 생산수단의 사유를 금지해야 한다는 마르크스 정도는 아니더라도, 어떤 형태로든 타인의 생활에 일정한 영향을 주기 때문에 재산권의 행사를 무한정 인정할 수는 없다. 특히 한정된 자원으로 특수성을 띠고 있는 토지의 경우는 더하다. 그래서 독일의 바이마르 헌법 제153조 제3항은 이렇게 선언하고 있다. "재산권은 의무를 수반한다. 재산권 행사는 공공복리를 위하여야 한다."

우리 헌법재판소는 "토지 소유권은 신성불가침한 것이 아니다."라고 하면서 토지 공개념 이론을 헌법상 정당한 것으로 받아들였다. 토지 공개념은 어차피 법적인 개념이라기보다는 사회 정책적 개념이다. 그래서 재산권을 제한하기 위해 많은 제도들이 쏟아졌다. 하지만 헌법재판소는 거의 모든 경우에 제동을 걸었다.

토지 거래 허가제는 찬반론의 치열한 공방 끝에 아슬아슬하게 위헌이라고 선언할 수 없는 정도에 머물렀다. 토지 초과이득세법은, 아직 실현되지 않은 이득에 대한 예외 제도임에도 신중하지 못하게 과표를 대통령령에만 맡겼다는 등의 이유로, 헌법이 보장하는 사유재산제도에 위반한다고 했다. 이 결정에 대해 '부동산 투기의 특수성에 따른 과도기적 특수 입법'이란 성격을 도외시했다'는 비난이 일었다. 개발 이익의 환수에 관한 법률과 택지 소유 상한에 관한 법률에 대해서도 위헌 결정이 내려졌다. 택지 소유를 제한하는 법률은 "주택 개발 정책 등을 통하여 모든 국민이 쾌적한 주거 생활을 할 수 있도록" 해야 한다는 헌법 제35조의 실천에 기여하는 제도로 평가됐다. 그러나 헌법재판소는 택지를 일률적으로 200평 이상 소유하지 못하게 하는 것은 과도한 제한으로 헌법상의 재산권을 침해한다고 했다. 도시계획법상의 개발 제한 구역의 설정도 제도 자체는 합헌적이지만, 일부 토지 소유자에게 사회적 제약의 범위를 초월한 가혹한 부담이 발생하는 예외적 경우에 대해 보상 규정을 두지 않는 것은 헌법에 합치하지 않는다고 본 것이다.

사회권

역사적으로 보면 인권은 지배로부터의 해방을 통한 권리 확대의 과정에서 시작됐다. 따라서 출발점에서의 관심사는 자유와 권리였다. 그 자유와 권리는 단순하게는 권력이 행하는 간섭 또는 억압의 배제를 의미했다. 가급적 권력이 신체의 자유를 제한하지 않을 것을 원했다. 권리란 것도 마찬가지여서,

확보된 권리를 권력이 침범하지 않으면 됐다. 그러나 인간은 그런 자유와 권리만으로는 만족스럽게 살 수 없다. 먹고 사는 데 필요한 최소한의 조건이 충족되어야 한다. 국가가 소극적으로 개인의 자유와 권리를 간섭하고 침해하지 않는 것만으로는 인민의 생활을 보장할 수 없다. 인간다운 생활이 가능하도록 적극적으로 도와주어야 할 의무가 요청되기 시작했다. 그래서 나온 인권 개념의 하나가 사회권이다.

사회권을 선언한 그 유명한 바이마르 헌법의 제151조는 이렇다. "경제생활의 질서는 사람마다 인간다운 생활을 할 수 있도록 보장하는 것을 목적으로 하는 정의의 원칙에 합치해야 한다." 그래서 사회권을 흔히 인간다운 생활을 할 권리로 표현하기도 한다. 인간다운 생활이란 사실 인간의 궁극적 목표에 해당하는 최대치의 삶이다. 그런데 인권이나 기본권의 측면에서 '인간다운 생활'을 말할 때는 '인간다운 최소한의 상태'를 의미한다. 아마 적어도 인간이 아닌 상태는 면할 정도라는 뜻인 모양이다. 그래서 사회권을 생존권이라고도 한다.

우리 헌법도 「바이마르 헌법」의 전통을 이어받아 "모든 국민은 인간다운 생활을 할 권리를 가진다."라는 별개의 조항을 두고 있다. 그 밖에도 헌법학에서는 사회보장권, 교육권, 노동기본권, 환경권, 혼인과 가족에 관한 권리, 보건에 관한 권리 등을 사회권으로 분류하고 있다. 그러나 이런 이름의 권리 목록과 분류 체계가 절대적인 것은 아니다. 현행 헌법을 대상으로 한 헌법학의 편의에 따른 것일 뿐이다.

사회권은 국가와 사회에 대하여 무엇을 해줄 것을 요구하는 권리다. 따라서 사회권도 자유권과 마찬가지로 권리로서 성격을 가지느냐에 대해 견해가 분분하다. 자유권을 침해당하면 소송을 하는 방법으로 구제 받을 수 있다. 그런데 국가가 어떤 수준의 복지 정책을 펼치지 않는다고 그 이행을 소송으로 요구할 수 있느냐는 좀 다른 문제인 것이다.

그렇지만 사회권에서 가장 두드러진 문제는 실현에 반드시 비용이 든다는 것이다. 즉, 자유권과 달리 사회권을 실현하기 위해서는 재원이 준비돼야 하는 것이다. 그래서 사회권은 자유권이 실현된 다음에 기대할 수 있고, 재원이 마련된 뒤에야 서서히 실현이 가능하다. 이와 관련한 인권 논쟁의 화두 하나가 '불가분성의 문제'인데, 이는 인권의 사회권도 자유권과 동시에 실현해야 한다는 주장을 말한다.

국제 사회에서도 사회권 실현을 진작부터 중요한 과제로 삼고 있다. 사회권의 실현 없이는 진정한 인권을 말할 수 없다. 국제인권법의 세계에서 사회권을 담고 있는 것은 경제적·사회적·문화적 권리에 관한 국제 규약이다. 그 내용은 우리 헌법이 사회권으로 규정하고 있는 것과 거의 같다. 문화적 권리와 과학적 권리가 덧붙여 포함되는 정도다.

1997년 네덜란드의 마스트리히트에 초청된 30여 명의 전문가들이 사회권 규약 실현을 위해 만든 정교한 가이드라인인「경제적 사회적 문화적 권리의 침해에 관한 마스트리히트 가이드라인」의 시작 부분은 이렇다. "세계 인구의 4분의 1 이상이 극적인 생활의 진보를 이루고 있는 반면, 16억이 넘는 사람들의 경제적·사회적 조건은 경악할 정도로 열악해졌다. 세계 인구 중 가장 가난한 5분의 1은 전 세계 수입의 1.4%를 차지하고 있는 반면, 가장 부자인 5분의 1은 전 세계 소득의 85%를 가지고 있다. 삶의 조건의 차이가 심하게 벌어지는 결과는 특히 가난한 사람들에게 대단히 부정적인 영향을 주고 있으며, 상당수의 인류에게 경제적·사회적·문화적 권리의 향유를 환상에 불과한 것으로 만들어 버린다."

국제^{인권법}

왜 필요한가

인권 문제를 국가 내의 문제가 아닌 국가와 국가 사이의 문제로 떠올리게 된 직접적인 동기는 전쟁과 그로 인한 집단 학살 때문이다. 그래서 지금 국제적 인권 문제 처리도 유엔의 인권위원회가 중심이 되어 행한다. 국제인권법은 인권 문제 해결과 인권의 실현을 위한 단순한 국제 협력 관계만을 목적으로 하지 않고, 그것을 넘어 인권을 세계가 공통으로 인식하고 추구하는 가치로 삼는다는 의지를 담고 있다. 진정한 인권은 세계 어디서든 동등하게 가치가 인정되고 비슷한 수준으로 실현되어야만 한다. 현대의 인간은 어떤 의미에서건 세계화 시대에 살고 있기 때문이기도 하다.

국제인권법이 실제로 필요한 경우도 있다. 어느 국가권력이 그 국가 내에서 외국인에 대한 학살이나 인권 유린 행위를 하는 경우가 있다. 이때 피해자나 피해자의 국가에서 가해 국가에 대해 책임을 물을 필요가 있다. 그때 국제인권법의 내용과 절차가 적용될 수 있다.

국제인권법의 효용은 그런 기본적인 유형에만 머무는 것이 아니다. 어느 국가권력이 자국민을 학살하거나 심한 인권 유린 행위를 한 경우에 그 사태를 국내 문제로만 맡겨둘 수 없다. 국제적 기준에 따라 특정 국가의 인권 문제가 처리될 수 있도록 노력하는 것이 현대 세계와 국가의 의무이기도 하다.

그리고 각 국가 내에서는 국제 인권 규약을 기준으로 삼아 국내법의 개정 운동을 펼칠 수도 있다. 국제 사회 공동의 노력으로 정한 기준은 개별 국가의 인권 수준을 향상시키는 촉매가 되기도 한다.

국제 인권 질서에 적용되는 대표적인 법의 존재 형식은 국제 조약이다. 인권 실현을 목적으로 만들어진 조약은 그 체결 당사자국들 사이에서만 국제인권법으로서 효력이 있다. 조약에 가입하지 않은 나라에 대해서는 공식적으로 책임을 추궁할 방법이 없다. 그런데 이 조약과 관련해서는 두 가지의 중요한 문제가 제기된다.

첫째는 조약 유보(treaty reservations)다. 모든 국제 조약은 일방적으로 그 조약의 특정 조항에 대해서만 법적 효과를 배제할 수 있는데, 그것을 조약 유보라고 한다. 국제 정치적 이유로 인권 조약에는 가입하면서 주요 조항에 대한 조약 유보를 행함으로써 사실상 조약의 효과를 피해갈 수 있는 것이다. 조약 유보를 남발할 경우에는 조약 자체의 실효성이 없어질 수 있다. 이런 폐해를 막는 방법 중의 하나는 조약 내용에 유보 금지 조항을 따로 두는 것이다.

둘째는 여러 국가 사이에 체결된 조약의 국내법적 효력이다. 국제 조약이 체결국의 국내에서 어떤 효력을 가지느냐는 전적으로 국내적 문제다. 가입국의 헌법이 자동으로 조약을 국내법과 같은 효력이 발생하는 것으로 규정하지 않는 한, 조약은 그것의 발효를 위한 특별한 입법 조치를 필요로 한다. 그렇지 않으면 실제로 조약에는 아무 의미가 없게 된다.

보편성과 특수성

인권의 내용과 실현의 정도는 어느 나라에서건 같아야 하는가? 이에 대해 "그렇다."고 하는 주장은 인권의 보편성을 전제로 한다. 그렇지 않고 인권의 내용이나 보장 정도는 국가의 사정에 따라 조금씩 차이가 있을 수밖에 없다는 반론이 있다. 인권의 특수성 또는 상대성을 전제로 하는 이 주장은 개별 국가의 사정에 따른 인권의 차이를 인정해야 한다는 것이다. 그 사정이란 개별 국가의 정치적·경제적·문화적 특성을 말한다.

1994년 18세의 미국 소년 마이클 페이가 싱가포르에서 남의 자동차에 페인트칠을 하고 교통 표지를 지워버렸다. 마이클은 징역 4월에 2,215달러의 벌금 그리고 곤장 6대에 처해졌다. 그러자 미국 대통령 클린턴과 마이클의 고향인 오하이오 주 하원이 "10대 소년에게 매를 때리는 형벌은 잔인하다."며 싱가포르 정부에 재고를 요청했다. 국제 앰네스티도 싱가포르의 형벌은 비정상적으로 잔인하고 인간의 존엄성을 해치는 것이라고 비난했다. 이 경우 싱가포르의 태형제도는 문화적 특성에 따른 것으로 이해해야 할까, 아니면 국제법 정신과 기준에 따라 폐지하도록 해야 할까.

국제 인권 기준에 대한 중국의 태도는 인권의 보편성에 대해 근본적인 이의를 제기한다. 중국 정부는 이렇게 주장한다. "중국은 국제 사회에서 자국의 가치와 사상, 정치적 기준과 발전의 모델을 수출하기 위해 인권이란 문제를 이용하는 나라들에 반대해 왔다. 인권이란 미명 아래 내정 간섭을 하고, 특히 개발도상국의 주권과 존엄성을 해하는 어떤 나라에 대해서도 반대해 왔다. 인권 분야에서는 내정 불간섭의 원칙이 적용되지 않는다는 주장은 결국 주권 국가가 인권 분야에서만은 주권을 포기해야 한다는 요구와 마찬가지다."

유엔의 창설 이후 국제인권운동은 인권의 보편성을 전제로 전개한 것이 사실이다. 지역, 인종, 종교나 기타 정치 문화적 배경에 관계없이 인권 기준이 동일하게 적용되어야 한다는 근거는 충분하다. 인권의 사상적 배경이라 할 수 있는 자연법사상에서 보더라도 그렇다. 하지만 다른 한편에서 보면 각국의 역사와 문화적 특수성을 전혀 외면할 수도 없다. 경제적 조건이나 능력, 정치적 사정을 완전히 무시하고 일률적인 내용과 기준을 강요할 수 없는 경우가 있다. 특히 대부분의 인권 기준은 자유주의와 기독교를 토대로 한 서구 중심으로 마련된 것이다. 그래서 인권의 보편성의 요구는 결국 문화의 다양성을 파괴하고 현대 세계를 또 다른 형태로 획일화하는 것이라는 비난도 거세다. 조약 유보를 허용하는 것도 개별 국가의 고유한 사정을 무시할 수 없는 현실 때문이기도 하다.

그러나 무엇보다도 국제인권법의 입장에서 보면 인권의 보편성은 반드시 전제해야 한다. 인권의 보편성이 전제되지 않으면 국제인권법이 존재할 이유가 없기 때문이다. 그래서 국제인권법의 영역에서 인권의 보편성 논쟁은 근원적인 난제 중의 하나로 꼽힌다. 우리나라에서는 특히 북한과 관련하여, 보편성을 전제로 북한 인권 문제를 거론할 것이냐 아니면 특수성을 인정하여 어느 정도 자제할 것이냐가 논쟁거리로 떠오르곤 한다.

국제 인권 문제의 처리

국제법의 최대 약점은 집행력이 거의 없거나 약하다는 것이다. 조약을 위반한 국가에 대해 강제로 이행하게 할 방법이 없다. 위반 행위를 직접 응징할 수단도 마땅하지 않다. 그것은 국제인권법에서도 마찬가지다. 하지만 그 사실만으로 국제인권법이 의미와 가치를 송두리째 상실하는 것은 아니다. 어느 정도 만족스런 강제력의 확보는 미래에도 계속되는 과제다. 하지만 그 과정에서도 인권 규약이나 기준을 위반한 국가에 대해서는 정치적 비난과 추궁으로 간접 강제를 할 수 있으며, 인류 공통의 가치로서 인권의 내용과 목적에 대한 인식을 분명히 할 수 있는 등의 방법이 있다.

현재 국제 인권 문제는 유엔이 중심이 되어 다루고 있다. 총회(General Assembly)에서는 인권 관련 문제를 일반 의제로 다루기도 하고, 인권 관련 선언과 조약을 만들기도 한다. 인권 문제를 직접 관장하는 곳은 경제사회이사회(ECOSOC)다. 유엔 헌장의 규정에 따라 경제사회이사회 안에는 인권위원회(Comission on Human Rights)와 그 보조 기구로서 소위원회(Sub-Commission) 그리고 여성지위위원회(Commission on the Status of Women)가 설치되어 있으며, 간혹 특별한 사안을 처리하기 위해 임시위원회(ad hoc committee)가 구성된다. 유엔의 사무국도 인권 기능을 보조한다. 하지만 유엔의 인권 관련 업무를 총괄하는 최고 직책은 인권고등판무관(High Commissioner for Human Rights)이다. 임기 4년의 고등판무관은 총회의 동의를 얻어 사무총장이 임명한다.

어떤 형태로든 논의의 대상으로 삼을 주제나 사건은 매년 7, 8월에 걸쳐 4주간 제네바에서 여는 유엔 인권위원회 소위원회에서 먼저 다룬 후, 인권위원회와 경제사회이사회, 마지막엔 총회에 이르기까지 단계적으로 넘어간다. 이것은 보통의 절차이다. 인권위원회나 소위원회에서 문제를 다루는 방식은 대체로 세 가지다. 공개 토론 형식과 비공개 조사 절차가 있다. 그리고 나머지 하나는 주제별로 실무자 그룹이나 특별 조사관이 조사하는 것이다.

유엔에는 6개의 인권 조약에 근거해 각각 인권 기구를 구성하고 있다. 그중 자유권규약위원회(ICCPR Committee)는 세 가지 제도를 통해 아주 중요한 기능을 담당하고 있다.

첫째는 국가 보고 제도(National Reporting)다. 각 정부로 하여금 자국의 인권 상황에 관한 보고서를 제출하게 하고, 위원들이 심사한다. 심사에 참고하기 위해 다른 정보에 의존하기도 하는데, 민간단체(NGO)의 반박 보고서 등은 좋은 자료가 된다. 자유권 규약에 가입한 국가는 1년 이내에 최초 보고서를 제출하고, 그 이후엔 위원회가 정하는 대로 5년마다 제출한다. 우리나라는 1992년에 최초 보고서를 제출했다.

둘째는 일반 의견(General Comment)이란 것으로, 자유권 규약의 해석과 적용에 대한 위원회의 의견을 말한다. 이 의견들은 자유권 규약 해석에 하나의 기준으로 축적된다.

셋째는 개인 통보 제도(Individual Communication)다. 인권 침해를 당한 개인이 직접 위원회에 청원할 수 있도록 하는 제도다. 개인의 인권 침해 상황을 구체적으로 기술한 통보서는 제네바에 있는 유엔 사무국 소속의 인권 센터(UN Center for Human Rights)로 보내면 된다.

인권의 현실과 미래

인권은 어디에 있는가

지금 우리에게 필요한 인권은 어디에 있는가. 하늘이 부여한 자연적 권리이므로 온 세상에 퍼져 있는가, 또는 각자의 가슴이나 머릿속에 가득 차 있는가. 유엔 권리 장전들 속에 조문으로 박혀 있는가, 아니면 헌법전에 활자로 누워 있는가. 헌법의 기본권 편은 분명 인권의 내용을 담고 있다. 그리고 우리의 생활에 직접 효력을 미친다. 어느 누구의 표현대로 헌법의 기본권 조항을 읽다 보면 법조문이 아니라 복음서처럼 느껴질 정도다. 인간으로서의 존엄과 가치를 전제로 행복추구권을 가지고, 모두 법 앞에 평등하여 생활의 모든 영역에서 차별을 받지 않는다. 능력에 따라 균등하게 교육 받을 권리, 인간의 존엄성을 보장하는 근로 조건에서 일할 권리, 건강하고 쾌적한 환경에서 생활할 권리가 있다. 혼인과 가족생활은 개인의 존엄과 양성의 평등을 기초로 성립되고 유지되도록 국가가 보장한다. 그것도 모자라 모든 국민의 인간다운 생활의 권리도 못을 박았다. 혹시나 하는 우려에, 국민의 자유와 권리는 헌법에 열거되지 아니한 이유로 경시되지 않는다고도 덧붙였다.

실정법에서 인권을 찾는다면 당장 헌법의 기본권밖에 없다. 그러나 이것은 반드시 인권과 일치하는 것은 아니다. 헌법전마다 조금씩 차이가 있어 기본권 또는 기본적 인권이란 용어를 사용한다. 기본권이나 기본적 인권을 인권과 동일한 개념으로 이해하는 견해도 있지만, 대체로 개념상 차이가 있는 것으로 정리하고 있다. 그렇다면 헌법의 기본권과 다른 개념의 인권은 어디에 소용되는가.

헌법의 기본권으로 직접 보장되지는 않지만 국가가 실현해야 할 의무를 가지는 가치나 이익이 존재한다. 그런 가치나 이익을, 새로운 기본권을 제정하지 않더라도, 기존 기본권 규정의 해석에 의해 실현 가능성을 열어줄 수 있다. 그 역할을 하는 것이 인권 개념이 가지는 기능 중 하나다.

현실의 상황

인권의 개념과 내용을 헌법 속에 빠짐없이 담지 못하는 것은 무엇보다 인권의 개념과 내용이 확정적인 것이 아니기 때문이다. 인권의 개념은 시대와 여건에 따라 달라질 수 있으며, 필요에 따라서도 실현의 범위에 차이가 있을 수 있다. 인권의 개념은 불변의 것이 아니라 역동적인 것이다. 꾸준한 노력으로 목적에 부합하는 인권 개념을 형성하고 내용을 발견해 나아가는 것이 우리의 과제다.

인권 선언이나 조약 또는 헌법의 기본권이 인권이 아니다. 물론 그것들을 대체로 인권으로 받아들여도 좋지만 형상의 하나에 불과하다. 그렇다고 헌법재판소나 국가인권위원회의 결정 역시 인권을 확정적으로 말해주는 수단이 아니다. 그것들은 인권 정책에 대한 국가 기관의 태도 정도로 받아들일 수 있겠다. 특히 헌법재판소나 법원의 선고 결과는 주로 인권 침해에 대한 가장 유력한 구제 수단이 되는 것은 사실이지만, 다른 한편으론 행정부에 의한 인권 정책 실현에 걸림돌이 될 우려도 있다. 사법부의 법률 판단이 행정부의 인권 정책보다 반드시 옳다고 볼 수 없기 때문이다. 그래서 가끔은 미국 연방대법원의 보수주의자 안토닌 스칼리아의 말에도 주의를 기울일 필요가 있다. "민주적 정당성을 갖지 못한 법원은 다수의 횡포로부터 소수자인 개인을 보호하는 본연의 기능에 머물러야 하고, 다수의 이익을 보호하기 위해 입법권과 행정권의 행사에 관여하는 역할을 해서는 안 된다." 민주적 정당성을 갖추지 못했다는 말은 국민이 직접 선출하지 않았다는 의미다. 그러므로 사법부의 판결이 국민 전체의 인권 수준 향상을 위해

도움이 되는지 방해가 되는지를 시대의 운명에만 맡겨 둘 수 없다. 인권 실현을 목표로 하는 개인과 단체가 지속적인 활동으로 감시하고 조절해야 한다.

내일의 문제

우리가 이상적으로 생각하고 있는 인권은 실현 가능성이 있는가. 헌법의 기본권 조항으로 나열돼 있는 권리는 완전히 실현될 가능성이 있는가. 가만히 따져 보면 결코 희망적이지 않다. 자유든 평등이든, 다른 어느 구체적 권리든 제대로 완전히 실현된 적은 없다. 지금의 현실도 그렇다. 그렇다고 미래에 실현되리라는 보장도 전혀 없다. 그렇다면 도대체 인권은 우리에게 무엇이란 말인가. 과거에도 실현된 적이 없고, 현재도 실현되고 있지 않으며, 미래에도 실현될 가능성이 없는 인권을 무엇 때문에 계속 끌어안고 있어야 하는가.

그런데 완전한 실현이 불가능하다는 것은 인권에만 국한된 딜레마가 아니다. 따지고 보면 세상의 다른 덕목들도 모두 비슷한 사정이다. 이상적인 궁극의 목표는 불안정한 인간의 삶이 애당초 도달할 수 없는 곳에 있다. 단지 그 실현의 정도와 가능성을 점점 높여가는 데 만족할 뿐이다. 그 목표를 향한 인간 등정의 지표가 되고 길잡이가 되는 것의 하나가 인권 개념이다.

물리적이고 수학적인 수단만으로는 도저히 설명할 수 없을 정도로 다양한 요소가 복잡하게 얽혀 있는 것이 인간의 생명이요, 삶이다. 이러한 복잡계(complex system)의 놀라운 질서를 보여주는 듯한 인간의 생명도 그 기원을 거슬러 오르면 최후에는 물질 진화 또는 화학 진화에 닿는다. 물질 차원의 질서 형성이 어느 순간에 생명 차원의 질서 형성으로 전환하였는가. 네댓 가지의 화학 원소와 단백질의 결합으로 만들어진 생명의 덩어리가 언제 인권의 주체라는 새로운 차원의 존재가 되었을까. 어쨌든 그 결과를 우리는 스스로를 바라보면서 받아들인다. 그래서 제이콥 브로노우스키의 우아한 표현처럼, 인간은 풍경의 한 모습이 아니라 풍경을 형성하는 주체인 것이다.

인간을 인간답게 완성해 줄 수 있는 수단이자 목적 개념인 인권은 더 이상 구호만으로는 곤란하다. 특히 미래의 인권 문제를 좌우할 새로운 조건은 이미 우리 주변을 포위하기 시작했다. 환경과 정보 그리고 과학 기술이 그것이다. 그중에서 우선 과학 기술만 관련하여 살펴보자. 급속도의 과학 기술이 우리 눈앞에 펼쳐 놓는 새로운 현상을 인권 침해의 측면에서만 바라보는 것은 구태의연하다. 인간의 존엄성이라는 추상적이고 관념적인 개념에만 매달려 저지하려는 노력만으로는 아무것도 해결할 수 없다. 과학의 변화에 따라 인간의 삶을 둘러싸고 있는 환경뿐만 아니라, 인간 자체도 변화한다. 그에 따라 인간의 가치와 권리도 조금씩 바뀔 수밖에 없다. 그런 미묘한 부분까지 고려하여 인간의 존엄성을 지켜나가야 한다.

인권 이야기를 과학에서 시작하여 과학으로 맺는 것은 괜한 현학적 또는 호사가적 취향의 그림자 때문이 아니다. 우리 스스로 인간의 가치를 드높이기 위해서는 새로운 모습을 찾아내야 하기 때문이다. 항상 똑같은 것이 아닌 방식으로 생각하고 말할 필요가 있기 때문이다. 인권은, 부당한 힘과 권력에 대해 당당하고 인간이 아닌 다른 존재와 환경에 대해 겸손할 때, 그 가치가 높고 깊어진다.

프랑스엔 〈크세주〉, 일본엔 〈이와나미 문고〉, 한국에는 〈살림지식총서〉가 있습니다.

📖 전자책 | 🔍 큰글자 | 🔊 오디오북

인권

펴낸날	초판 1쇄 2006년 5월 31일
	초판 6쇄 2021년 3월 31일

지은이	차병직
펴낸이	심만수
펴낸곳	(주)살림출판사
출판등록	1989년 11월 1일 제9-210호

주소	경기도 파주시 광인사길 30
전화	031-955-1350 팩스 031-624-1356
홈페이지	http://www.sallimbooks.com
이메일	book@sallimbooks.com

ISBN	978-89-522-0519-3 04080
	978-89-522-0096-9 04080(세트)

089 커피 이야기

김성윤(조선일보 기자)

커피는 일상을 영위하는 데 꼭 필요한 현대인의 생필품이 되어 버렸다. 중독성 있는 향, 마실수록 감미로운 쓴맛, 각성효과, 마음의 평화까지 제공하는 커피. 이 책에서 저자는 커피의 발견에 얽힌 이야기를 통해 그 기원을 설명한다. 커피의 문화사뿐만 아니라 커피에 대한 일반적인 정보 및 오해에 대해서도 쉽고 재미있게 소개한다.

021 색채의 상징, 색채의 심리

박영수(테마역사문화연구원 원장)

색채의 상징을 과학적으로 설명한 책. 색채의 이면에 숨어 있는 과학적 원리를 깨우쳐 주고 색채가 인간의 심리에 어떤 작용을 하는지를 여러 가지 분야의 사례를 통해 설명한다. 저자는 색에는 나름대로의 독특한 상징이 숨어 있으며, 성격에 따라 선호하는 색채도 다르다고 말한다.

001 미국의 좌파와 우파

이주영(건국대 사학과 명예교수)

진보와 보수 세력의 변천사를 통해 미국의 정치와 사회 그리고 문화가 어떻게 형성되고 변해왔는지를 추적한 책. 건국 초기의 자유방임주의가 경제위기의 상황에서 진보-좌파 세력의 득세로 이어진 과정, 민주당과 공화당의 대립과 갈등, '제2의 미국혁명'으로 일컬어지는 극우파의 성장 배경 등이 자연스럽게 서술된다.

002 미국의 정체성 10가지 코드로 미국을 말하다

김형인(한국외대 연구교수)

개인주의, 자유의 예찬, 평등주의, 법치주의, 다문화주의, 청교도 정신, 개척 정신, 실용주의, 과학·기술에 대한 신뢰, 미래지향성과 직설적 표현 등 10가지 코드를 통해 미국인의 정체성과 신념을 추적한 책. 미국인의 가치관과 정신이 어떠한 과정을 통해서 형성되고 변천되어 왔는지를 보여 준다.

058 중국의 문화코드

강진석(한국외대 연구교수)

중국의 핵심적인 문화코드를 통해 중국인의 과거와 현재, 문명의 형성 배경과 다양한 문화 양상을 조명한 책. 이 책은 중국인의 대표적인 기질이 어떠한 역사적 맥락에서 형성되었는지 주목한다. 또한, 구체적이고 실제적인 여러 사물과 사례를 중심으로 중국인의 사유방식에 대해 설명해 주고 있다.

057 중국의 정체성　eBook

강준영(한국외대 중국어과 교수)

중국, 중국인을 우리는 과연 어떻게 이해해야 하나? 우리 겨레의 역사와 직 · 간접적으로 끊임없이 영향을 주고받은 중국, 그러면서도 아직까지 그들의 속내를 자신 있게 말할 수 없는, 한편으로는 신비스럽고, 한편으로는 종잡을 수 없는 중국인에 대한 정체성을 명쾌하게 정리한 책.

015 오리엔탈리즘의 역사　eBook

정진농(부산대 영문과 교수)

동양인에 대한 서양인의 오만한 사고와 의식에 준엄한 항의를 했던 에드워드 사이드의 오리엔탈리즘. 이 책은 에드워드 사이드의 이론 해설에 머무르지 않고 진정한 오리엔탈리즘의 출발점과 그 과정, 그리고 현재와 미래의 조망까지 아우른다. 또한 오리엔탈리즘이 사이드가 발굴해 낸 새로운 개념이 결코 아님을 역설한다.

186 일본의 정체성　eBook

김필동(세명대 일어일문학과 교수)

일본인의 의식세계와 오늘의 일본을 만든 정신과 문화 등을 소개한 책. 일본인을 지배하는 이데올로기는 무엇이고 어떤 특징을 가지는지, 일본을 주목해야 하는 이유는 무엇인지 등이 서술된다. 일본인 행동양식의 특징과 토착적인 사상, 일본사회의 문화적 전통의 실체에 대한 분석을 통해 일본의 정체성을 체계적으로 살펴보고 있다.

261 노블레스 오블리주 세상을 비추는 기부의 역사

예종석(한양대 경영학과 교수)

프랑스어로 '높은 사회적 신분에 상응하는 도덕적 의무'를 뜻하는 노블레스 오블리주. 고대 그리스부터 현대까지 이어지고 있는 노블레스 오블리주의 역사 및 미국과 우리나라의 기부 문화를 살펴보고, 새로운 시대정신으로 노블레스 오블리주를 부활시킬 수 있는 가능성을 모색해 본다.

396 치명적인 금융위기, 왜 유독 대한민국인가 `eBook`

오형규(한국경제신문 논설위원)

이 책은 전 세계적인 금융 리스크의 증가 현상을 살펴보는 동시에 유달리 위기에 취약한 대한민국 경제의 문제를 진단한다. 금융안정망 구축 방안과 같은 실용적인 경제정책에서부터 개개인이 기억해야 할 대비법까지 제시해 주는 이 책을 통해 현대사회의 뉴노멀이 되어 버린 금융위기에서 살아남는 방법을 확인해 보자.

400 불안사회 대한민국, 복지가 해답인가 `eBook`

신광영(중앙대 사회학과 교수)

대한민국 사회의 미래를 위해서 복지는 선택이 아니라 필수라고 말하는 책. 이를 위해 경제 위기, 사회해체, 저출산 고령화, 공동체 붕괴 등 불안사회 대한민국이 안고 있는 수많은 리스크를 진단한다. 저자는 사회적 위험에 대응하기 위한 복지 제도야말로 국민 모두의 삶의 질을 높일 수 있는 길이라는 것을 역설한다.

380 기후변화 이야기 `eBook`

이유진(녹색연합 기후에너지 정책위원)

이 책은 기후변화라는 위기의 시대를 살면서 우리가 알아야 할 기본지식을 소개한다. 저자는 기후변화와 관련된 핵심 쟁점들을 모두 정리하는 동시에 우리가 행동해야 할 실천적인 대안을 제시한다. 이를 통해 독자들은 기후변화 시대를 사는 우리가 무엇을 해야 할 것인지에 대하여 생각해 볼 수 있을 것이다.

eBook 표시가 되어있는 도서는 전자책으로 구매가 가능합니다.

(주)살림출판사
www.sallimbooks.com
주소 경기도 파주시 문발동 522-1 | 전화 031-955-1350 | 팩스 031-955-1355